开讲啦！中国史

夏商周篇

鹗胖 恩子健 编著

中国纺织出版社有限公司

图书在版编目（CIP）数据

开讲啦！中国史. 夏商周篇 / 鸮胖，恩子健编著
. -- 北京：中国纺织出版社有限公司，2023.7
　ISBN 978-7-5229-0051-3

　Ⅰ . ①开… Ⅱ . ①鸮… ②恩… Ⅲ . ①中国历史－三
代时期－青少年读物 Ⅳ . ① K209

中国版本图书馆 CIP 数据核字（2022）第 212963 号

责任编辑：向连英　　　特约编辑：武亭立
责任校对：高　涵　　　责任印制：储志伟

中国纺织出版社有限公司出版发行
地址：北京市朝阳区百子湾东里 A407 号楼　邮政编码：100124
销售电话：010 — 67004422　传真：010 — 87155801
http://www.c-textilep.com
中国纺织出版社天猫旗舰店
官方微博 http://weibo.com/2119887771
天津千鹤文化传播有限公司印刷　各地新华书店经销
2023 年 7 月第 1 版第 1 次印刷
开本：880 × 1230　1/32　印张：5.5
字数：100 千字　定价：39.80 元

前言

先秦时期充满传奇色彩，夏、商、周相继登台唱主角。

夏朝。中国历史上第一个王位世袭的奴隶制王朝。夏朝前后历经四百七十余年，共传十四代十七王。司马迁在写《史记》的时候，专门给了夏朝一个"本纪（主要记历代帝王政绩）"的章节。在开头部分，花了大量篇幅叙述禹的功绩，但从启以后的诸王，一句"立"，一句"崩"，寥寥几笔带过。司马迁著史的良苦用心由此可见。

商朝。虽然有不少历史学家称商朝是奴隶制社会的鼎盛时期，拥有庞大的官僚统治机构和军队，但是前后共传十七代三十一王，延续五百多年。其中帝王的戏份和情节也与夏朝差不多，不外乎虎父开朝，犬子亡国。正如马克思曾说："历史的自我重复，开始时像悲剧，接下来像闹剧。"

西周。拥有两百多年历史的西周，生产力得到了前所未有的发展，华夏民族实现了大融合。分散而相对独立的封国个个苦心经营，因此各国经济迅速发展，社会思想文化和道德礼仪被推到了新的高度，进而为战国时代奠定了良好的社会基础。

战国是一个大变革的时期，铁的大规模使用代替了青铜制品，大大提高了社会生产力。同时随着诸侯的强大，社会的性质和制度也发生了较大变化，由奴隶制转变为封建制，战国是我国两千多年封建社会的开端。由于周天子的威信丧失，官学下移，民间办学之风兴起，形成了百家争鸣的局面。此时，各门各派的学说相互交融，碰撞出思想的火花，在中国思想文化发展史上具有里程碑意义。

越是久远的历史，就越会激起人们的好奇心。但是由于许多典籍都已散佚，我们无法全面了解历史的真相，只能拾得历史碎片，窥探一二。

目录

第 一 章

天下为家

各个部落之间的相互融合

距今五千多年前，炎帝、黄帝是黄河流域部落的首领。炎帝是有熊部落首领少典的长妃女登所生，出生后被养于姜水之滨，因此以"姜"为姓。而黄帝则是少典的次妃附宝所生，被养于姬水边，因此以"姬"为姓。

炎、黄两个部落离得比较近，经常互相通婚，炎帝部落的姜姓女子嫁到黄帝部落，黄帝部落的姬姓女子嫁到炎帝部落。双方的关系原本十分融洽，但由于人口增长，土地和粮食供应不足，原来居住的区域已经容纳不下，于是两个部落开始了迁移。除了一小部分人继续留在黄河中上游地区外，大部分人逐渐向东发展，去寻找新的居住地。

黄帝部族东迁的路线偏北，经过今陕西北部，渡过黄河，到达今山西南部一带。一段时间后，又继续往东北方向迁移，其中有一支较大的部族到达了今河北北部。炎帝部族东迁的路线则偏南，他们顺着渭水东下，再沿黄河南岸向东，到达今河南西南部、中部及东部。两个部族东移的过程中，在路上都留下一部分本部族的人。因此经过长期的迁徙活动，黄帝和炎帝两个部族的人就遍布黄河南北，形成两股较强大的势力。

当时，各部落之间为了争夺土地、财物，开始出现互相侵犯的现象，发生了一些小规模的战争。炎帝虽然名义上是天下共主，但势力逐渐衰弱，已经无法控制局势。黄帝趁机而动，带领自己的部族广积粮食、打造兵器、训练军队，逐步征服了那些不听从命令的部落。黄帝名声大振，各方部落都来归附他。这时，炎帝部落依仗人多势众，不服从黄帝的命令，还在侵掠其他已经臣服黄帝的部落，于是那些被炎帝部落欺负的部落纷纷请求黄帝主持正义。

炎帝一族在东迁途中兼并了很多实力较弱的部落，并与蚩尤率领的九黎族发生冲突。当时，炎帝离开太昊准备去陈，虎视眈眈的蚩尤带兵紧跟着，试图蚕食炎帝的人口。炎帝获悉率兵反击。后因力量薄弱而被蚩尤追杀，炎帝将计就计一直将蚩尤引到涿鹿，希望黄帝出兵截击。而黄帝使用骄兵之计，已做好战场布阵，却故意按兵不动，因此没有及时出兵救援被蚩尤追杀的炎帝，而炎帝对此心存积怨，就此埋下了阪泉大战的祸根。

不久，黄帝觉得击败蚩尤的时机已到，便召集谋士商议对策，选定出兵日期，先联合炎帝，再共同对付蚩尤。黄帝率部来到阪泉北边扎营，打算说服炎帝共同对付蚩尤。但炎帝不仅没有采纳黄帝的建议，还准备在阪泉与黄帝大战。黄帝只好独自率领部落战胜了蚩尤。

打败蚩尤以后，黄帝的实力大增，又经过长期充分准备，黄帝一族终于和炎帝一族在阪泉发生了大战。黄帝的军队按照

"熊、罴、貔、貅、䝙、虎"六种动物图形的旗帜一字排开，与炎帝对阵。旌旗猎猎，黄帝的龙图腾和炎帝的牛图腾迎风招展，炎帝先发制人，趁黄帝没有防范的情况下，率兵以火围攻，使得轩辕城外浓烟滚滚，遮天蔽日。黄帝命应龙用水熄灭火焰，然后自己率兵将炎帝赶回阪泉之谷，并且命士兵只和炎帝斗智斗勇，不伤其性命。

黄帝三战三捷，之后派人劝说炎帝归顺，并希望与之结盟。同时，黄帝对阪泉采取围而不攻、困而不歼的策略，以待炎帝归降。炎帝被黄帝的诚意所感动，便同意两个部落结成联盟。由黄帝担任部落联盟的首领，炎帝担任副首领。这个部落联盟就是中华民族的雏形。

必备知识

华夏民族的起源

炎黄联盟不断扩张，归顺的部落越来越多，但蚩尤始终不服，一场大战在所难免。蚩尤带领九黎族，与炎黄联盟大战于涿鹿（今河北省涿鹿县），称为涿鹿之战。所谓逐鹿中原，源出于此。最后蚩尤被打败。经过阪泉之战、涿鹿之战，黄帝和炎帝召集各部落在釜山举行盛大庆典，把各部落的图腾全部拿出来，取其最有代表性的部分，形成一个新的图腾符号，这个图腾符号就是中华民族的共同图腾——龙。这一庆典被后人称为"合符釜山"。由此形成了华夏部落联盟，实现了中华民族的大融合，开创了中华五千年的文明史。

三过家门而不入的大禹

　　话说颛顼做了七十八年的部落联盟首领，到九十一岁去世。黄帝的曾孙帝喾接了他的班。帝喾为人大公无私、明察善恶、以身作则、办事公正，在位的时候极得民心。帝喾去世后，他的儿子挚被推举为首领。但挚因为不称职被废黜，于是尧被推举为首领。

　　尧八十六岁那年，觉得自己年事已高，想找一个人来接替自己。他向各地发出公告，号召人们推荐贤能的人。于是舜被推荐出来，经过几番考量，被尧看中，他便获得授权代替尧治理部落联盟，而尧则带一队人马到各地视察。二十年间，舜把部落联盟里的事情办理得非常妥当，天下众望所归。这时已经一百多岁的尧从外地回来后，甘愿退居一旁养老，把部落联盟首领的职权全部让给了舜。

　　据《史记》所载，舜摄政二十八年后尧才去世。舜办完尧的丧事，便让位给尧的儿子丹朱，而自己退避到南河之南。但是，天下部落的首领都去朝见舜，却不理会丹朱。打官司的人也都到舜那里告状，因此民间编了许多歌谣颂扬舜，却没有颂扬丹朱的。舜觉得这是人心所向、天意所归，无法推卸，遂回到都城重新登上首领之位。

当尧还在管理天下时，遇到多次超强降雨和洪水的袭击，黄河泛滥致使洪水淹没村庄，冲毁庄稼，因水患而死的百姓不计其数。于是尧召集各个部落的首领商量治水良策，禹的父亲鲧被大家推举做治水官，鲧采取筑坝堵塞的方法治水。结果洪水越拦越高，水位往上猛涨，严重威胁着下游百姓的安全。

舜进入部落联盟的议事会以后，就被尧指派前去检查鲧的治水工作。舜见鲧治水九年，没有取得什么成效，却耗费了大量的人力、物力，便罢免了鲧，命令鲧的儿子禹继续治理洪水。

禹左思右想，最后想出了一个与父亲相反的办法，堵水不行，那就疏导吧。确立了疏导的治水方略后，禹开始着手四处勘察地形，就着地形引导洪水的流向，并确定可以积存洪水的深沟湖泊。禹带着一批忠诚的助手，春去秋来，翻山越岭，终于绘制出了包含九州大地上所有地形与河道的地图。

禹结婚第四天，便匆忙离家去治水。十个月以后，禹还没有回来，他的妻子生了一个儿子。禹带着队伍外出治水一去就是十三年，他的儿子启都十二岁了，还没有见过父亲。禹曾经三次路过自己家，都没有时间进去看一看妻子和儿子。

禹三过家门而不入的事迹很快传遍了天下，人们非常感动，就更加坚定地跟着禹一起治水。时间一天天地过去，九州大地上到处都留下了禹辛勤的汗水。经过十三年的努力，终于疏通了河道，治理了湖泊，洪水按部就班地由高处流入

低处，从湖里流到江河，最后汇入大海。一片片土地露出水面，人们回到了原来的家园，修建房屋，种植庄稼，过上了安定的生活。

禹高尚的品德、忧民的思想和朴实的性格使舜非常感动。舜决定立禹为接班人，禹百般推辞，并且为了避让舜的儿子商均而退居家乡。无奈天下人皆不朝商均而朝禹，万民不附商均而归附禹。于是禹不得已登上部落联盟首领的位子，定都于自己的家乡阳城，并以自己的部落名为国名，称为"夏朝"。

禹治水功定九州，并创五服天下，一跃成为尧、舜之后部落联盟中最为举足轻重的人物。

禹治理国家十分勤恳，非常注意官吏的任用和办事的效率，经常接待有识之士，一点儿也没有天子的架子，四方的百

历史争鸣

大禹治水是真的吗

从周初到战国时期，大禹治水的传说从未中断，铜器铭文、简帛上均有记载，说明大禹治水是有据可循的，是真实存在的。不过关于大禹治水的细节是存疑的，有些是夸大了他的功劳的溢美之言。

禹时代是否有水可治？禹时代发生洪水的可能性是比较大的，在一些长江中下游遗址中发现淤泥层以及河南孟庄的洪水遗迹都是这个时期发生水灾的证据。文献记载，禹时代降雨频繁，在四千年前后我国有一次明显的气候异常，包括降温降雨。这一点在自然科学界也基本达成了共识，因此禹时代是有水可治的。

此外，禹治水的方法是否可行呢？在禹之前，治水的有女娲、共工氏及鲧，三者治水的方法是通过堵塞河道来达到阻止洪水泛滥的目的。鲧与禹是父子关系，禹承父业，治水方法改堵为疏，文献中记载为"疏川导滞"。

姓都愿意为他效劳。有一次，禹在路上看见一个被捆绑的罪人，就拍拍这个人的背哭了起来。在旁的大臣益说："这个人犯罪，应该如此，您为什么要哭呢？"禹说："天下有道，则民不犯罪；天下无道，则罪及善人。我听说：一男不耕地，则天下有受其饥饿的；一女不纺织，天下有受其寒苦的。如今，我治理天下，要使百姓安居乐业，各得其所。今有百姓触法犯罪，这是我的道德浅薄、不能教化百姓的证明啊！我还听说尧舜时的人都能以尧舜的心为心。现今我为首领，百姓各自以其心为心，故而走上犯罪道路。有书上说：'百姓有罪，在我一人。'百姓中有犯罪的，这反映出我治理国家有弊病啊！因此，我才会悲痛地哭泣。"站在一旁的大臣和百姓听了禹的这番肺腑之言，都感动得流下了眼泪。

夏传子，家天下

据说尧禅位给舜的时候曾对舜说，要他把禅让制一直坚持下去，所以大禹就能够顺理成章地接下掌管天下的指挥棒。即使禹在生前的最后几年，也很忠诚于前辈的遗嘱，一心想效仿尧舜。然而，遗嘱毕竟是空口无凭，历史的车轮轻易就能将其碾碎。

起初，禹想找一个贤能的人来接替自己，当时他的下属皋陶被推举上来，但还没等接任，皋陶就病死了。后来，经过商议，人们又一致推举伯益做继承人。伯益是禹治水的主要助手之一，是仅次于禹和皋陶的另一位英雄。

因为权力的巨大诱惑，禹越来越觉得好不容易得来的权力，应该由自己的儿子来继承。但是，伯益功劳卓著、威望极高，并且各部落首领都推举他做继承人。禹感到众怒难犯，只好顺水推舟，答应下来。名义上伯益是继承人，但实际上权力正向另一个人转移。

禹逐渐让他的儿子启参与治理国事。过了几年，启由于把国事处理得很好，在人们心目中的地位也渐渐高了起来，而伯益作为继承人却没有新的政绩，他过去办的好事，人们也渐渐淡

中国历史上第一次中兴

少康中兴是中国历史上第一次出现"中兴"二字的时代。少康是夏朝的第六代天子，起兵杀死了当时篡位的寒浞，复兴夏朝。少康从出生到恢复夏王朝，经历了很多的磨难。一番曲折之后，少康虽然有了安稳的生活，但是想要报仇雪恨的信念始终不灭。少康苦于自己的势力想和寒浞抗衡还有很大差距，然而声势过大的招兵买马，势必会引来寒浞的注意，从而引来杀身之祸。幸好谋士崇开给他出谋划策，最终派遣间谍离间寒浞的两个儿子造反，趁机报仇雪恨，复兴夏朝。少康重建夏朝，为夏朝的统一和安定做出了很大贡献。

忘了。禹死后，启果真行使起王权来。多数部落的首领也都纷纷表示效忠于启，他们说："启是禹的儿子，我们愿意效忠于他。"

本属于自己的继承权被启夺去，伯益非常生气，便召集军队向启杀来。启早有防备，经过一场大战，打败了伯益的军队。启为了庆祝胜利，在钧台举行了大规模的宴会，公开宣布自己是夏朝第二代国君。

当然也有反对者，有一个叫有扈氏的部落首领，站出来公开反对启改变禅让制的做法。但不久后，启便率领大军进攻有扈氏，有扈氏被打败，部落成员全部沦为启的奴隶。从此，启稳坐王位，父死子继，家天下的制度正式确立。

启为夏后，发动战争由他一个人说了算，氏族部落会议制度逐渐边缘化，开始出现奴隶制国家的雏形。

你知道吗？
关于夏朝是否存在的争论

国际上曾经有过关于夏朝是否存在的争论，但是1959年在河南偃师二里头发现了夏朝的遗址。遗址面积3.75平方千米，现已发现多座建筑遗址，包括宫殿、居民区、墓葬等。遗址中出土有制陶、铸铜、制骨、制石的手工作坊和一些陶器、铜器等。经碳-14法测定，年代约为公元前1750—前1550年，与文献中所记夏朝后期时间相符，学术界普遍认为二里头遗址属于夏文化。二里头遗址的发现证明了夏朝的存在。

夏朝的亡国之君桀

桀，名履癸，夏朝的亡国之君，我国历史上有名的暴君。

桀身材高大威猛，力可拔山，气可杀人。有一次外出狩猎，一只鹿被包围，桀便赤手空拳擒住那只鹿，并且不费吹灰之力就把鹿打死了。遇到老虎和豹子的时候，他甚至也敢赤膊上前。桀不仅力气极大，还机敏过人，只可惜，他的才智全都用到了吃喝玩乐上，对治理国家全然没有兴趣。

桀为政残暴，并且十分好战，到处挑起战争，蹂躏勒索周边小国，抢掠财物和奴隶，以供享乐。桀自负勇武，发兵征伐有施国，有施氏请降，不仅献出许多宝物，还进贡了许多美女。其中有个美女叫妺喜，十分讨桀的喜欢。因此，桀无心再战，当即下令撤军。

桀非常宠爱妺喜，妺喜说自己也十分仰慕他，桀心中欣喜若狂，不久便把妺喜封为皇后。他觉得这还不够，于是又下令征集财物民夫，重新造一座华丽的宫殿供自己和妺喜享乐。宫殿建成，远远望去耸入云天，仿佛天宫倾斜而落，因此这座宫殿被称为倾宫。宫内设有琼室瑶台，走廊是象牙做的，床榻是白玉雕的，奢华无比。桀每日陪着妺喜在倾宫观赏美景，尽情享乐。按照妹喜的要求，桀还派人挨家挨户挑选了三千名美女到倾宫歌舞，每逢他与妹喜登上倾宫，就命令三千名宫女一齐起舞。有一天，妹喜对桀说裂帛的声音清脆无比，十分悦耳。桀便命令各地每天进贡一百匹帛，并让力大的宫女天天撕裂给妹喜听。桀还下令在庭院的树上挂肉食，称为肉林；在庭院中挖个大水池，并灌满美酒，称为酒池。然后让大臣与宫女们到肉林中摘肉吃，趴在酒池边痛饮。

　　桀自比太阳，并且自负地说："天上有太阳，就像我有百姓一样。除非太阳灭亡了，我才会灭亡。太阳不死，我的国家就不会死。"为了满足奢侈的生活，桀无休止地征调百姓和奴隶，强迫他们无偿劳役，从而榨干了百姓的血汗。百姓对桀恨之入骨，并诅咒说："让太阳陨落吧！我们和你这暴君同归于尽！"

妹喜也十分仰慕王上。

　　对此，桀的大臣内史终古向他进谏说："自古以来，只有生活勤俭、爱惜民力的君主，才能够得到百姓的爱戴。因此，不能把百姓的血汗供给君主一个人娱乐。这样奢侈下去，只会导致国家的灭亡。"桀听后，不仅不虚心纳谏，还斥责终古多管闲事。终古害怕因此而引祸上身，不久之后便投奔了商汤。

历史脉络图

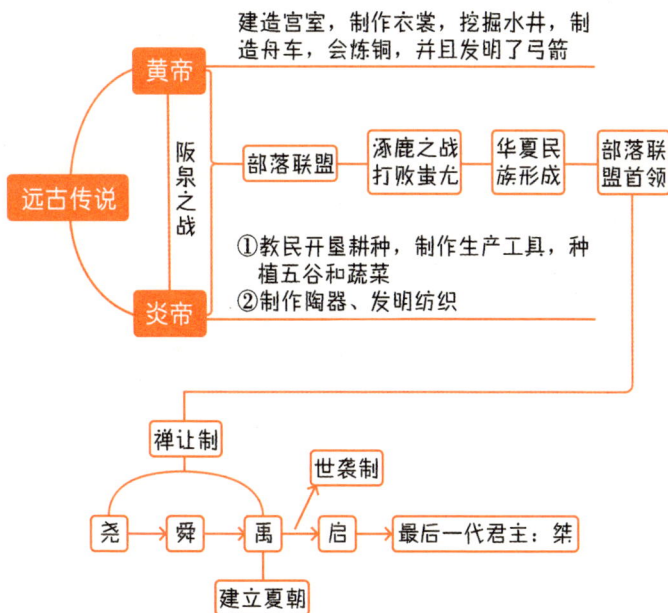

第 二 章

青铜文明

商汤剑指夏都

当夏王朝国事衰微、摇摇欲坠之时，就是商汤称雄之时。但商汤的行动并不顺利，毕竟瘦死的骆驼比马大。第一次对夏用兵时，商汤过于乐观，没有正确判断敌我形势。尽管夏王朝已经衰败，但它毕竟有四百多年的历史和一定的军事实力，并且还有不少世袭诸侯听命于夏朝。

商军剑指夏都，桀震怒，匆忙召集诸侯军队以及附属于夏朝的九夷军队与商军激战。强大的夏军轻松战胜了商军，商汤被俘。但商汤在谋臣伊尹的谋划下，通过向桀进献美女财宝，重金贿赂桀手下权臣，不久就获得释放。

获释后，商汤一方面积极向夏王朝示好以争取时间，另一方面继续积蓄力量等待时机。商汤为了进一步查清桀的军事实力，利用苦肉计用箭射伤伊尹，将伊尹赶到夏都。镇压了商汤的叛乱后，桀以为天下再也无人敢跟自己对抗，施政更加暴虐。后来，桀又讨伐离有施国不远的岷山国，岷山国将两个名叫琬和琰的美女献给了桀。桀喜新厌旧，将妹喜冷落在洛水。

就在妹喜走投无路的时候，遇上了商汤派往夏朝的间谍伊尹，妹喜怀着报复的心态泄露了夏桀的军事机密。在这种情况下，商汤再次向夏王朝动手。这次商汤改变了作战思想，采用伊尹的战略，首先向仍忠于夏王朝的方国开刀。采取"先斩其羽翼，再攻其躯体"的战略，逐步蚕食、消耗夏王朝外围的实力，致使桀陷入了孤立无援的境地。公元前1600年，商汤联合同样遭受夏朝欺压的各部落和方国，组成以商军为主的联军，正式向夏都发起最后的进攻。兴兵伐夏前，三军举行了隆重的誓师仪式。誓师后商汤选良车七十乘，死士六千人，联合各方军队，采取战略大迂回，绕道至夏都的西面后再施以突袭。

桀闻讯大惊，仓促带兵迎击，双方在夏都门户鸣条展开决战。商汤将大军列成左、中、右三军阵，自己在中军，指挥军队各横列看齐，向夏军发起进攻，史称"鸟阵雁行"。兵器相接，早已心不在焉的夏军将士未做大的抵抗就纷纷逃散。战鼓雷鸣，桀见大势已去，弃甲丢械仓皇逃回都城。商军紧追其后将其抓获，并将其软禁在南巢。自此，夏朝宣告终结。随后，商汤挥师返回，在国都亳邑大会诸侯，商朝正式建立。

盘庚迁殷

太甲以后，统治者内部为了争夺王位互相残杀，到底是父死子继还是兄终弟及，叔侄兄弟之间日夜争论、明争暗斗，国家被搞得混乱不堪。商朝国力内耗严重，加上水涝、干旱等自然灾害，内外交困把商朝推到了崩溃的边缘。

正在这个时候，盘庚当上了商王。他很有智慧，看到这种情况，觉得国家不能再这样下去了，应当想出一个根除弊病的办法来，以挽救商朝的衰亡。他想出来的办法是把都城迁到殷，因为到那里去有几个好处：第一，殷地的土地比较肥沃，无论是建立都城还是发展农业生产，都会比现在的情况要好；第二，迁都以后，一切都得从头做起，王室、贵族将会受到牵制，这样阶级矛盾就可以得到缓和；第三，迁都可以避开那些叛乱势力的攻击，进而保证都城的安全。

可是，奴隶主贵族们却反对迁都。因为他们知道，到了新的地方就不能像现在一样享乐。盘庚是个意志十分坚定的人，他把奴隶主贵族们召集起来，对他们说迁都到殷去的好处，然后用强硬的口气告诫他们，一定要规规矩矩地服从迁都命令，否则就要受到严厉地惩罚。

盘庚迁殷的真相是什么

商王盘庚即位时，政局动荡，国势衰微，为摆脱困境，将都城由奄（今山东曲阜）迁至殷（今河南安阳）。这是盘庚迁殷的真实原因吗？从《尚书·盘庚》的记载来看，盘庚迁殷的理由是"视民利用迁""今其有今罔后，汝何生在上？""失于政，陈于兹，高后丕乃崇降罪疾""今我民用荡析离居，罔有定极"等。因为洪水侵害，百姓流离失所，盘庚出于百姓安居的考虑才选择迁都，也就是说盘庚迁都的原因是天灾——洪灾。除了天灾外，迁都还有一个原因，那就是人祸。根据《史记·殷本纪》记载，商朝自中丁至阳甲九王在位时，发生了九王之乱，而这个时期也是商朝频繁迁都的时期。可以说他们想通过迁都另起炉灶，建立自己的权力体系。于是盘庚恩威并用，借"天命""先祖"两面大旗做思想工作，以生杀大权强硬推行政令，终于带领民众成功迁都。在这一轮盘庚和反对势力的较量中，盘庚大获全胜，威望提高，从此商朝逐渐稳定下来，此后二百多年再也没有迁都。

　　软硬兼施的手段使盘庚完成了迁都计划，可是斗争还没有结束。新都难以安抚民心，奴隶主贵族们趁机捣乱，煽动百姓们要求搬回旧都去。对此，盘庚又发表了一篇训话，毫不妥协地警告奴隶主贵族们不要捣乱。过了几年，局面才安定下来，一个繁荣的都城出现在殷地上。从此，商朝的都城就定在了殷城。由于盘庚的治理，商朝这一时期的政治比较稳定，社会经济和文化有了更大的发展。

　　盘庚迁都，使得商朝摆脱了困难的处境，生产力得到进一步发展。农业技术和青铜器制作工艺也有了相当成就，商朝逐渐强盛起来。

商朝的最后一个帝王

盘庚的侄子武丁死后，王朝内乱再起，外患不断，在这种情况下，商王朝亟需一位强势的君主出现。

公元前 1076 年，帝乙驾崩，他的少子登上王位，这就是商纣王。商纣王名辛，在甲骨文和史书中称为帝辛。据《史记》记载，帝辛的口才极佳，身手敏捷，"有倒拽九牛之威，具抚梁移柱之力"。

帝辛即位时，先王留给他的是一个残破的河山和破败的政局。对内对外，他都要倍加努力，以振王朝雄风。

在帝辛的支持下，一批有才能的中下层管理者和善战的将领被重用。在能臣微子、比干的辅佐和京城宿卫将领的支持下，帝辛开始对内进行大刀阔斧的改革。他废除了以往王室、大贵族集团的世袭权力并收回了他们的领地，惩处了一批为非作歹的巫师。同时，开始整顿国内经济，鼓励生产，减少赋税和劳役。经济逐步得到改善，国力得到提高。

帝辛完成内部整顿后，对外发动战争的第一个目标就选择了北方的宿敌鬼方。平定鬼方后，帝辛开始将目光投向西方的宿敌羌。最终，商军基本征服了大部分西羌部族，进而使商王朝的西方疆域达到了历史顶峰。同时，商王帝辛还必须面对来自东方的强大对手——东夷。

但此时的帝辛面临着艰难的局面，即西方有正在崛起的周国的威胁。如果此时进攻东夷，就有可能出现被东西夹击的危险。但东夷问题已经到了必须了结的程度，于是帝辛在西方部署了一部分兵力，并且联合忠于自己的方国监视周。在做好了一系列准备之后，帝辛便调集大军开始远征东夷。由此，拉开了他一生中最大的军事胜利的序幕。

史书记载，"商人服象，为虐于东夷"，也就是说帝辛动用了庞大的象阵。面对强大的商军，东夷迅速败退。帝辛率军一直追赶到淮河流域。在淮水之滨双方主力打了一场遭遇战，商军威武的象阵和尖利的青铜兵器，将东夷军队打得溃不成军。在败军中，有一个叫有苏氏的东夷小部落集体被俘，部落首领为了活命，将自己年轻貌美的女儿献给了帝辛，她就是妲己。

掠获妲己以及一大批财宝、奴隶后，帝辛决定回国，但他在回国前留下了商军主力继续作战，以彻底消灭东夷残余势力。回到国都后，帝辛不断加派军队到东方战场。并且，为了保证东方兵力，在国内和方国大量征兵，增加捐税，将本来部署在西方用于监视周的军队都调到东方战场。在后方强大的保障下，商军在东方势如破竹，曾经强大的东夷遭到了毁灭性打击，威胁中原王朝达一千余年的东夷问题得到根本性解决。战后，大部分东夷人逐渐融入中原的生活，成为中华民族的一员。

在帝辛的努力下，商朝的版图达到顶点，商朝成为当时世界上疆域最大的国家之一，王朝发展到它五百年历史的巅峰，但悲剧也从此开始。

历史争鸣

商纣王真的残暴无道吗

　　商朝的亡国之君纣王宠幸妲己，酷刑于民，最终兵败自焚而死，成为暴君的代名词——桀纣之君。历史上的商纣王真的是那么残暴无道吗？其实，早在春秋时期，孔子的学生子贡就对商纣王的暴虐产生了质疑，他说："纣之不善，不如是之甚也。是以君子恶居下流，天下之恶皆归焉。"郭沫若则说："纣王其实是一个很有才能的人，他对古代中国的领土开拓有其贡献，所谓'纣克东夷'，就是开拓淮河流域和长江流域，西周正是趁'纣克东夷'的机会东进灭商的。"商纣王身上背负的罪状多达七十余条，近代史学家顾颉刚在《纣恶七十事发生的次第》一文中指出，纣王的七十条罪状是从周朝开始陆续加上去的。战国增二十项，西汉增二十一项，东晋增十三项。"现在传说的纣恶是层层累积发展的，时代愈近，纣罪愈多，也愈不可信。"

　　那么，为什么要肆意丑化商纣王呢？主要有两方面原因：一是政治宣传的需要。当时的周王朝虽然灭了商，但并不是一个大国，要巩固政权、稳定民心，自然需要一些政治手段，便把纣王暴行不断续加，终于使他成了一个坏得不能再坏的人。二是纣王身边有个妲己，可以顺理成章地把罪恶之源引到女人身上，正如夏桀的妹喜、周幽王的褒姒一样。综上，商纣王虽不是什么明君，但也并非那么暴虐无比。

解开历史的密码

关于商朝是否存在的争论由来已久。假如存在，那么有什么实物可以证明？它在历史上曾经有过怎样的辉煌？又是怎么衰败的？这些谜团曾经难倒了很多历史学家。以前，有的史学家甚至认为，假如商朝不存在，那么夏朝也可能是子虚乌有，司马迁《史记》里的《五帝本纪》《夏本纪》《殷本纪》或许只是捕风捉影的传说而已。直至19世纪末殷墟甲骨文横空出世，人们的质疑才被彻底画上了句号。商朝不仅存在，还有很多故事。

甲骨文的载体是甲骨，中医称为龙骨。最初，龙骨被人从地下挖出来，敲碎磨成粉末后，被当作治疗痢疾和多种妇科疾病的药物来使用。

1899年，躺在北京菜市口一家药店药柜里的几片龙骨被一名仆人打包买回给正患疟疾的清朝国子监祭酒王懿荣，细心的王懿荣突然发现了密布在龙骨表面的奇怪符号。作为收藏家的王懿荣本身具备深厚的古文知识，他意识到这些符号的形状隐约露出籀篆字体的痕迹。王懿荣立即差人去购买更多的龙骨，并且不惜以每片二两银子的高价，将北京城内所有药店及一些古董商手上的龙骨购进，计达一千五百多片。同时，他开始着手研究这些龙骨上的"密码"。很快他就认定眼前这些"密码"其实就是我国古人的文字，并从这些文字里找到了史书上所说的商王朝的蛛丝马迹。最后，王懿荣将拓印出的第一批龙骨符号定名为甲骨文。

甲骨文是进入商朝历史空间的一把地下钥匙，就以这样的方式出场了。世界为之震惊，中药材龙骨，摇身一变，成了稀世珍宝。学者们争先恐后地加入了收藏龙骨的行列，如清末文化学者刘鹗、罗振玉、端方以及日本的林泰辅、英国的库寿龄、加拿大的明义士等人。盗墓者和古董商人也开始寻找龙骨，并且为了提高价格，他们甚至把龙骨的出土地点隐瞒起来。后来，经过学者罗振玉等人的推测和探查，最终将龙骨的出土地聚焦于河南安阳小屯村。官方的挖掘工作因此而陆续展开，殷墟——这座商朝都城遗址慢慢揭开了神秘的面纱。

经过许多学者研究，主要由龟甲和兽骨（主要是牛肩胛骨）制成的龙骨被断定为商朝祭祀用的占卜工具，它上面的符号即甲骨文，是商朝人用刀刻下的卜辞和大事记。在此引导下，沉睡了三千多年的甲骨文密码被中国学者破译。

1917年，罗振玉的徒弟、著名学者王国维经过翻阅大量典籍与甲骨卜辞对考，成功排列出商王朝历代君王世系表。而王国维基于甲骨文排出的世系表，竟与《史记·殷本纪》的记叙离奇地吻合。这一举世震惊的发现，证明了《史记》所言不虚，一个被误解了的古老王朝，终于在三千多年以后用自己的文字证明了自己的存在。

必备知识

甲骨文的价值

甲骨文是目前所知中国最早的文字，它的发现意义极其重大。第一，甲骨文的发现是对中国文化史的完善，对汉字形成和演变的研究有着极其重要的意义。第二，商朝甲骨文的发现，以实物形式展示了商朝的存在，甲骨文上的信息给后人提供了最原始、最真实的商朝时事和生活。在甲骨文未被发现之前，西方人只承认周朝是我国最早的朝代，以前的历史只是神话。甲骨文的发现，使得中华文明史的起始时间大大提前。

熠熠生辉的青铜文明

夏商之交的产生期，商朝中期的发展期，商朝晚期至西周时期的鼎盛期，是古代青铜技术的三个发展阶段。青铜器发展到商朝中晚期，已呈现出一片繁荣的景象。目前已发现出土的中国古代青铜器数不胜数，尤以商朝作品居上，商朝的青铜器制造业已形成产业链。青铜铸造技术承前启后，在冶金、工艺和经济史上都具有重要地位。

石器时代至夏朝，人类在加工石料和烧制陶器的实践过程中逐渐识别了铜与铜矿石，积累了丰富的冶铸业知识，如高温耐火材料、造型材料以及造型技术等。人们发现一种色彩碧绿，截面纹理仿佛孔雀羽毛的矿石，并将这种孔雀石放进高温炭炉里进行冶炼，就可以炼出铜来。

古人最初只是采集地表的矿石，随着矿石需求量的增加和对矿脉认识的深入，人们开始向地下垂直掘井，在井底向四周开拓巷道直接采集更多的原矿。湖北大冶铜绿山、江西瑞昌铜岭等地就发现有不少商周时期露天采矿与坑采的遗迹。当时，人们主要采掘火成岩与大理岩接触带上的铜矿，因为这些地带的矿石含铜量较高。

考古工作者在今江西瑞昌的铜岭古矿遗址内，发现了商朝和西周时期的采矿遗迹。所出土的采矿遗物证明，当时的采矿技术已达到一定水平，如工匠已使用绳索和木辘轳将矿石运至地面，运送地面材料至坑下搭建巷道支架，在井口搭起的棚盖能够有效防止雨水流入井中。

青铜技术主要体现在熔炼设备、熔炼技术、合金成分、铸造及金属加工技术。商朝中晚期，铜、锡、铝三元合金面世，铸造金属溶液的陶范取代制作陶器的石范。范器技术的成熟和造型的多样性，直接催生了丰富多彩的青铜产品。青铜器广泛应用于生活领域，其造型数量之多、品种之广，世上少见。比如，工具类的有刀、锛、斧、凿、铲、钁等；兵器类的有戈、矛、戟、镞、钺、剑、砍刀、甲胄等；礼器类的有鼎、鬲、甗、簋、斝、尊、盘、壶、罍等；乐器类的有钟、钲、铃等，其中钟又有甬钟、钮钟、镈钟等，此外，还有车马器和各种生活用具及装饰品。

各种青铜器的纹饰日趋复杂，外观也更为精美。商朝中期，分铸工艺的发明使更复杂的礼器铸造成为可能，如四羊尊就集平面雕、立体雕、圆雕之大成。为了记述当下的大事件和留下备忘录，人们在青铜器表面刻上文字——金文。商朝人在青铜器上铸造的金文，标志着汉字的发展已从甲骨文逐渐走向金文阶段。据统计，已出土的商朝和西周时期铸有铭文的青铜器有上万件之多，没有铭文的青铜器更数倍于此。

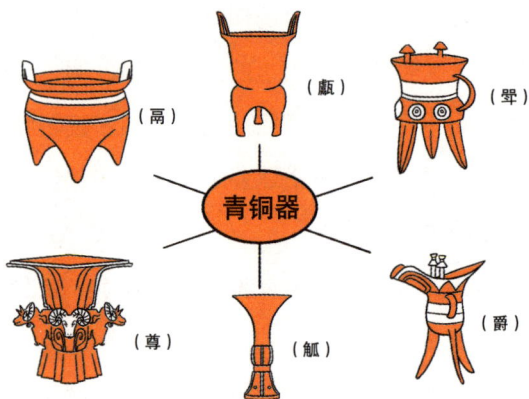

（鬲）（甗）（斝）（尊）（觚）（爵）青铜器

殷墟出土的后母戊鼎是商王文丁为祭祀其母戊所铸，这尊重达 875 千克的大鼎，堪称我国青铜时代的第一重器，它的铸造集中显示了商朝先进的技术与社会生产能力。

青铜制造在商朝中晚期已然形成产业，对社会发展起到了推波助澜的作用。比石器更为锋利、精巧、有效、便捷的青铜工具，使农田开垦、耕作水利技术、房屋建造工程以及手工业走向了新的境界。竹木加工因刀具的改变，榫卯衔接更加紧密，结构更加合理，为高大宫殿建筑提供了基础条件。青铜兵器的发展从根本上改变了战争的性质与规模，兵器制造业客观上推动了当时科技的进步。锋利的青铜刀让人类阉割牲畜家禽变得十分轻松。同时，青铜工具也极大地推动了人类文明的进步，甲骨文、铜器铭文的镌刻、毛笔的制作以及文字书写的规范化，无不闪耀着青铜器的影子。

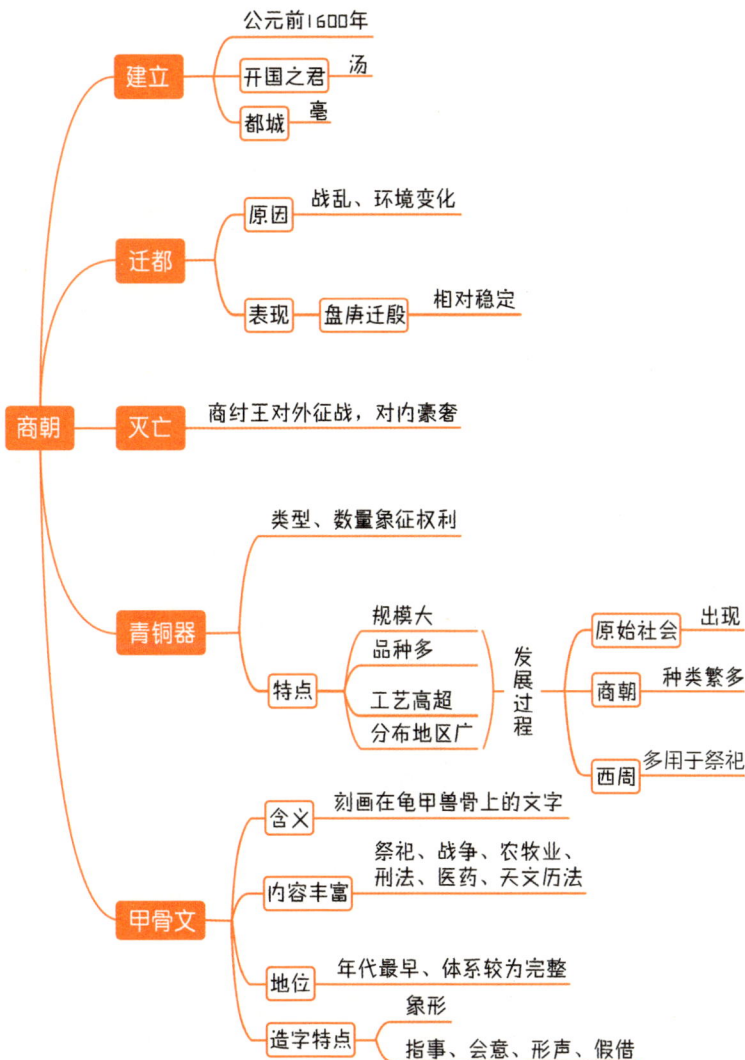

历史脉络图

商朝

- **建立**
  - 公元前1600年
  - 开国之君——汤
  - 都城——亳

- **迁都**
  - 原因——战乱、环境变化
  - 表现——盘庚迁殷——相对稳定

- **灭亡**——商纣王对外征战，对内豪奢

- **青铜器**
  - 类型、数量象征权利
  - 特点
    - 规模大
    - 品种多
    - 工艺高超
    - 分布地区广
  - 发展过程
    - 原始社会——出现
    - 商朝——种类繁多
    - 西周——多用于祭祀

- **甲骨文**
  - 含义——刻画在龟甲兽骨上的文字
  - 内容丰富——祭祀、战争、农牧业、刑法、医药、天文历法
  - 地位——年代最早、体系较为完整
  - 造字特点
    - 象形
    - 指事、会意、形声、假借

第三章

西周的崛起之路

周朝溯源

周族的祖先在尧、舜时代已有活动的足迹，经过夏、商两朝一千多年的变迁，周族人在艰难曲折的过程中逐渐发展壮大。

传说有邰氏部落有个女子叫姜原，有一天，她和同伴到野外游玩，看见一个巨人的足迹。姜原想，这么巨大的足迹，那个人一定长得很高大，心中萌生爱慕之情。出于好奇，她把脚踩到巨人足迹上，想看看这足迹究竟比她自己的脚大多少。不料这一踩，姜原身上仿佛受到一股魔力冲击，腹中产生了怀孕的感觉。这奇异的感觉竟然是真的。经过十月怀胎，姜原生下了一个男孩。

事发蹊跷，大家觉得这孩子是不祥之兆，决定把他丢出去。起初，姜原把孩子抛弃在街道里巷之中，本想这个孩子会被踩死。谁知成群而过的马、牛见了这个襁褓中的孩子都绕道而行；姜原又把孩子放到山林中，然而很多砍柴人看到孩子十分可爱，有的来引逗他，有的怕他冷，还给他盖上了衣服；后来，姜原又把孩子抛弃到河渠中的冰上，当时正值寒冬腊月，天空中许多大鸟一起飞下来用翅膀覆盖着孩子，使他不致受

冻，孩子没有受到丝毫伤害。

姜原于心不忍，不顾族人的反对，将孩子抱回家，并决定将其抚养长大。孩子是自己丢了几次才又捡回来的，她就给孩子取名为"弃"。弃就是周族的始祖，周族从弃开始，代代相传，不断发展壮大。

弃在尧、舜时代做过农官。传说弃是开始种稷和麦的人，因此尊他为农神，称为后稷。弃的子孙世代重农，到公刘时迁往豳地（今陕西旬邑县），并且改善农业，颇有积蓄，部落也逐渐兴旺起来。从公刘到古公亶父经历了十代人，都住在豳地。

古公亶父被戎狄侵略，无力抵抗，便率领族人迁居岐山下的周原（今陕西岐山县）。豳地和其他地方的百姓听说古公是个仁人，便扶老携幼都来归附，人口比居豳地时更多。古公没有足够的财力供给这些归附的百姓衣服和食物，也不能迫令这些百姓充当奴隶。在戎狄的步步紧逼下，古公为缓和内部矛盾，采用商朝原有的助耕制，借以抵抗戎狄。古公命人在周原上筑城，以邑为单位安排归附的百姓定居，并且改革旧俗，设立官司，建立了一个初具规模的周国。

胸怀大志的姜子牙

姜尚，吕氏，字子牙，后世多称其为姜子牙，成名后被尊称为太公望。姜子牙出生时，家境已经败落，长大成人后，在老家干过一段时间宰牛卖肉的屠夫，也卖过酒，可是他不善经营，总是亏本。

但姜子牙是一个胸怀大志的人，做屠夫和沽酒生意的同时，他利用业余时间研究天文地理、军事谋略以及治国安邦之道，期望有一天能够施展才华，出人头地。可是，腐败的商朝，经济崩溃，民不聊生，帝辛骄奢、不理朝政，使他无用武之地。

正当此时，西伯侯姬昌接过父位掌管周国。姬昌的祖先曾做过农官，所以他十分重视发展农业。他待人宽厚，敬老爱幼，对国人也很爱护，所以百姓都很拥护他。所谓欲得天下，先揽人才。他选贤任能，请贤能之人帮助他治理国家。远近的贤能之人于是纷纷前来投奔，因此他手下聚集了许多博学之士和勇敢的战将。西伯侯姬昌看到自己手下虽然已经网罗了不少文臣武将，但是还缺少一个运筹帷幄、掌控全局的圣贤之人，他为了这件事而夜不能寐。

商朝越发衰弱，明主不知何时才能出现。姜子牙觉得商朝不是自己要待的地方，又听说周国势力日涨，雄才大略的西伯侯姬昌正在为治国兴邦而广揽人才，于是怀着对商朝的悲愤和对周国的期望离开家乡，不辞辛劳，奔赴周国的领地渭水之滨。在渭水支流的一条小溪边，他以钓鱼为生，观察局势变动，寻找大展宏图的机会。这一待就是十多年，其间他不放弃理想，坚持勤学苦读，潜心研究兵法。

一天，一个樵夫来到小溪边，看见姜子牙钓鱼的方法十分奇怪，钓绳短得够不到水面不说，鱼钩还是直的，而且直的鱼钩还没有鱼饵。樵夫便对他说："老先生，像您这样钓鱼，一百年也钓不到一条鱼！"姜子牙动了动钓竿，说："年轻人啊，我钓的不是鱼，而是王侯！"

这件事情传到了西伯侯姬昌那里，于是就派一名士兵去叫他来觐见。士兵对姜子牙说："老人家，我们周王请您去他那里一趟。"姜子牙却头也不抬，只顾笑呵呵地盯着鱼竿，并自言自语地说："钓啊，钓啊，鱼儿不上钩，虾儿来胡闹！"

姬昌听了士兵的禀报后，改派一名官员去请姜子牙。可是姜子牙依然不搭理，边钓边说："钓啊，钓啊，大鱼不上钩，小鱼别胡闹！"

姬昌接到汇报以后，觉得这个钓者肯定有点儿名堂，便决定亲自前往拜会。于是，他吃了三天素，沐浴更衣后，带着厚礼，去小溪边找姜子牙。于是，他带着许多随从假意外出打猎，故意行至渭水支流溪边。这时，有人过来禀报，在河边的石头上有一个垂钓的老人。

于是西伯侯姬昌命令队伍前往查看。远远地，只见那老人须发如雪，看上去有七八十岁，面带微笑，两眼炯炯有神。只见他一边钓鱼，一边嘴里不停地叨念："快上钩呀，快上钩！愿意上钩的快来上钩！"再一看，怪了！老人钓鱼的鱼钩上面没有钓饵，钓钩是直的，并不像一般的鱼钩。姬昌于是过去和老人攀谈起来。

两人谈得十分投机。从对话中，姬昌发现姜子牙学识渊博，通晓历史和时事，便向他请教治国兴邦的良策。姜子牙当即提出，要治国兴邦，必须以贤为本，重视挖掘、使用人才。姬昌听后觉得英雄所见略同，就说道："祖上预言，直到有圣贤之人来到周国，我周国才有希望兴旺发达。现在看来，您就是那位圣贤之人了。"

<figure>
快上钩呀，快上钩！愿意上钩的快来上钩！
</figure>

历史争鸣

历史上真实的姜子牙

"姜太公钓鱼，愿者上钩"是一则来源于历史故事的熟语。这则熟语的相关典故最早见于《史记·齐太公世家》。该熟语因带有传奇性的故事情节而得到了广泛而深远的流传。

姜子牙真的出身寒微吗？其实，"姜太公钓鱼，愿者上钩"的故事是春秋战国才出现的，当时士阶层兴起，到处寻求各国诸侯王的赏识，迫切地希望实现政治抱负。正是在春秋战国选贤任能的时代背景下，当时的人们创造了姜太公钓鱼的故事。这个故事表达了士人阶层想效仿姜子牙成为帝王之师，辅佐君主成就霸业的志向。历史上真实的姜子牙是大氏族姜姓氏族的成员，而姜姓和周王室姬姓是世代通婚的姻亲，姬姓的始祖就是大名鼎鼎的姜原。据《史记·周本纪》记载，姜原为帝喾元妃，在荒野践巨人迹，身动而有孕，遂生后稷。这么看来，真实历史中的姜子牙是出身大族的贵公子，以姜姓和姬姓世代联姻的关系，他压根儿就不需要七八十岁跑到河边等待君主的赏识。

姜子牙听完这番话，也觉得西伯侯对自己非常有诚意，就答应为其效力。二人一拍即合，于是姬昌亲自把姜子牙扶上车，带他一起回宫，并举行了隆重的仪式，拜姜子牙为太师。

姜子牙果然不负西伯侯的期望，施展自己的智慧和才华，着力整顿政治和军事，促进农业发展，让百姓休养生息，周国逐渐强大。在姜子牙的辅佐下，周国先后打败了犬戎、密须等部族，征服了许多小国家，并吞并了与商朝结盟的崇国。

姬昌死后，周武王姬发继位。他牢记父王的嘱托，继续任用姜子牙。在伐纣的战争中，姜子牙立了大功。后来，成为周天子的姬发把姜子牙封到了齐地。

历史脉络图

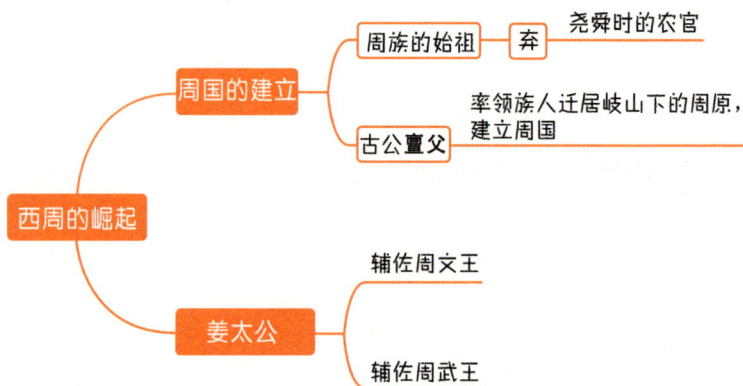

第四章

天下归心

武王伐纣

20 世纪 70 年代中期，陕西临潼出土的青铜器利簋铭文记载了周武王姬发征伐商王帝辛的具体时间和大致情况，与《史记》等古籍的记载完全吻合。

当时，商朝在帝辛的暴政下内忧外患，即将崩溃。周国这边，姬发一边大力整顿军队，积极备战，一边派出侦察分队侦察敌情。不久后消息回来说，帝辛上次获悉周国大军兵临城下大吃一惊，正组织军队迎战，忽而又听说周军不战自退，就骄傲起来，说周国不过乌合之众，不足挂齿，便放松了警惕，继续过着荒淫的日子。

又过了一段时间，情报又说帝辛要讨伐之前为周国助战的诸侯，各路诸侯加紧防备准备自卫反击。周武王姬发见商王帝辛四面树敌，出兵的时机已成熟，便着手制订进攻计划。

公元前 1046 年，周武王姬发召集各诸侯国和小部落，再次出兵汇集孟津，浩浩荡荡向商朝的都城朝歌出发，一路杀到牧野。在牧野，周武王姬发召集威武之师，发布了讨伐帝辛的檄文，挥师出战。

这时候，商王帝辛还蒙在鼓里。得报周军攻来，他才匆忙

召集群臣商议如何应战。商朝的军队此时正在东南地区对付东夷族，远水解不了近渴。帝辛只好下令把大批奴隶和俘虏编入军队，号称七十万人，向牧野进发，与周军对阵。历史上著名的牧野之战就这样爆发了。

在周军先锋的强大压力下，被强征的奴隶和战俘突然倒戈，配合周军进攻商军部队。商军顿时溃不成军，周军向朝歌汹涌攻来。帝辛闻讯大惊，急忙命人将宫里的财宝全部搬到鹿台上。自己用绫罗缠身，躺在珍宝中自焚而死。

姬发率部冲进朝歌，受到了百姓的夹道欢迎。而此时鹿台上的亭台楼榭已成一片焦土，没烧尽的宫梁殿柱还冒着缕缕青烟。

商朝从此灭亡，姬发班师回朝，各路诸侯纷纷拥戴他为周天子，周朝建立，定都于镐京。周武王姬发开创的周朝是我国历史上第三个奴隶制国家，奴隶制社会最兴盛的时代即将来临。

历史争鸣

武王伐纣真的是因为奴隶突然倒戈而获胜的吗

武王伐纣的关键一役是牧野之战，周武王打败了商纣王，主要原因是奴隶倒戈。虽然自古就有奴隶受压迫而反抗的事情，但是，七十万奴隶，真的会"齐心协力"突然倒戈吗？其实，商朝奴隶并非突然主动倒戈，而是经过精心策划的，这里离不开一位神秘人物——胶鬲。

胶鬲是当时最大的盐商，富可敌国。古代的战争从来都离不开经济，商纣王在讨伐东夷的时候，耗费了很多钱财，国力空虚，于是周文王举荐胶鬲帮助商纣王摆脱困境。周文王死后，胶鬲被纣王派到周边国家去视察，随后胶鬲来到周国，开始商议灭商的大业。回到商朝之后，胶鬲就开始行动，成功地将能征善战的大臣都派到东夷作战，等到周武王伐纣时，纣王委派胶鬲带领七十万奴隶迎战周武王，纷纷倒戈也就顺理成章了。可见，武王伐纣并非奴隶自己主动倒戈，而是人为原因。

封建亲戚，以藩屏周

周武王姬发建立周朝后，国土、奴隶猛增，如何统治天下，成为一个迫在眉睫的问题。而且，周武王之所以得天下，全靠众多亲戚兄弟、良臣猛将，现在天下收入囊中，该到分红的时候了。

天下重新洗牌。周武王先后建立了七十一国，其中兄弟十人，同姓四十人，姬姓子孙几乎都得到了封地，做大小诸侯王拥护王室。据说自周武王以后，周朝又相继灭九十九国，降服六百五十二国。灭多数小国，建立较大的侯国，降服多数小国，使其遵守周朝制度，向周王朝贡。

当时最难平定的是商贵族，周公旦迁他们到成周，统治旧商国的遗民。周公旦教育他们对百姓要宽厚，不要枉法杀人。重犯则拘获送镐京，由周室刑官处决。东方奄和蒲姑两个大国曾助武庚叛周。周成王把奄国封给周公旦长子伯禽做鲁侯，又封外祖父姜子牙做齐侯。姜子牙把齐国都城定在营丘，进而灭了蒲姑国。齐鲁两大国代替奄和蒲姑，于是商完全不可能反叛了。召公的儿子封燕，都于易（今河北易县），后迁都于蓟（今北京市），成王弟叔虞封唐（今山西太原市），后称晋国。抵御戎狄，掩护卫周两国，受封者都是周朝最重要的贵族，足见周初分封时确有政治上的远见。

周天子自称是上天的元子（长子），上天付给他土地和臣民，因此得以施行权力。天子分封土地给诸侯，诸侯分土地给卿大夫，卿大夫分小块土地给同姓庶民耕种。同姓与非同姓庶民分得小块土地，成为户主，做一家人的尊长。户主由长子继承，诸子称为余夫，或分得更小的一块土地，或谋其他生计。孔子曾说："天无二日，土无二王，家无二主，尊无二上。"这句话的意思就是，土地一级一级自上而下归一个人所有。

周制规定，同姓百世不通婚姻，这样使各国间同姓即兄弟，异姓多是甥舅，彼此都有血缘关系，以增加相互间的联系。周天子称同姓诸侯为伯父或叔父，称异姓诸侯为伯舅或叔舅。诸侯在国内称异姓卿大夫为舅。同样，有宗的庶民与无宗的庶民互通婚姻，同样也保有甥舅关系。上起天子，下至庶民，在宗法与婚姻的基础上，整个社会组织贯彻着分封精神，而最真实的经济基础自然是土地所有制。

天子分封给诸侯土地和臣民，要举行授土、授民的仪式。而为了使庶民安心种地，诸侯要给庶民送去种子和粮食。

周初大分封，对商朝原始小邦林立的现象来说，多少含有统天下于一尊的意义，显然这是一次进步。

必备知识

宗法制

　　宗法制是由氏族社会父系家长制演变而来的，是王公贵族按血缘关系分配国家权力，以便建立世袭统治的一种制度。其特点是宗族组织和国家组织合二为一，宗法等级和政治等级完全一致。

　　宗法制确立于夏朝，发展于商朝，完备于周朝，并影响了后来的封建王朝。按照周朝的宗法制，宗族分为大宗和小宗。周王为天下的大宗。诸侯对天子而言是小宗，但在他的封国内却是大宗。诸侯的其他儿子被分封为卿大夫。卿大夫对诸侯而言是小宗，但在他的采邑内却是大宗。从卿大夫到士也是如此。因此贵族的嫡长子总是不同等级的大宗（宗子）。大宗不仅享有对宗族成员的统治权，而且享有政治上的特权。后来，各王朝的统治者对宗法制度加以改造，逐渐建立了由政权、族权、神权、夫权组成的封建宗法制。

勤政为民的周公旦

　　各路诸侯拿着分封大印各自前往封地。周武王的弟弟周公旦一家也准备离开镐京去鲁国，但临行前周公旦发现哥哥心事重重，便问道："仇也报了，天下也归一了，你还有什么想不开？"武王回答说："天下刚刚安定，百业待兴，我老了，身体不行了，这些功臣都去了封地，我一个人难以治理国家啊！"于是，在周武王的挽留下，周公旦决定留下来辅佐哥哥，而让儿子伯禽前往鲁国。

　　周武王不久后便去世了，周公旦便把尚未成年的太子诵扶为天子，是为周成王。周成王还未成年，所以一切军国大事均由周公旦代理。周公旦天资聪明，才华出众，从小又是在父亲周文王身边长大，接受了周文王的言传身教。周武王生前与他关系密切，感情极深，所以如今周公旦管理起国家大事来，不仅得心应手，还尽心竭力。

　　周朝刚刚建立，百废待兴。为治理好国家，周公旦经常忙得不可开交。有一次，周公旦正准备洗澡，头发刚浸湿，来人急报有人来见，他连忙握着湿淋淋的头发出去接待，办完事再回来接着洗；洗到一半，又有人来报告，他又握住湿头发出

去。忙着办完这些事后，他才有时间把头发洗完。还有一次，周公旦正在吃饭，刚把一块肉放进嘴里，有客人来访。他马上把肉吐出来，起身去接待客人。一顿饭的工夫，来了三次客人，周公旦就连吐了三次饭菜。他如此放下架子礼贤下士，得到了世人的称赞和拥护。

可是周公旦却被人误会和诽谤。一天，周公旦的手下对他说："现在外面流言很多，说您要把侄子赶走，独掌大权，自己称王。"周公旦听了，又惊又气，问道："这是谁说的话？"原来，这是管叔鲜和蔡叔度散布的。他们怕周公旦这样下去会成为天子，进而对他们有所不利，故散布谣言来污蔑周公旦。

周公旦遭到了诽谤，处理国家大事时更加勤勉，并且恳切地对众臣解释。他对姜子牙、召公等人说明自己的清白与忠心。

历史争鸣

周公真的会解梦吗

周公姓姬名旦，周文王姬昌第四子。因其封地在周，爵为上公，故称周公或周公旦。是西周初期杰出的政治家、军事家和思想家，被尊为儒学奠基人，孔子一生最崇敬的古代圣人之一。周公制礼作乐，在巩固和发展周王朝的统治中发挥了关键作用，对中国历史的发展产生了深远影响。周公在儒家文化中享有崇高的地位，孔子以毕生精力宣扬周公的思想，在世时常说他梦见周公，与周公谈论天下大事，接受周公的指教，可见他对周公的崇敬之情。在他老了的时候，梦少了，梦不到周公了，于是感叹"吾不复梦见周公"。周公是一个在孔子梦中频频出现的人物，在儒家文化长期主导下的古代中国，周公也就不可避免地直接与梦联系起来。梦，经常被称为"周公之梦"或"梦见周公"。

《周公解梦》是流传民间的解梦之书，为后人借周公姬旦之名而著，并非周公作品。有人考究《周公解梦》很可能是明代学者陈世元写的，成书时间与周公旦生活的年代相隔了两千多年。

　　周公旦的一片诚心感动了姜子牙、召公等人，不再对他有所怀疑了。而此时商王帝辛的儿子武庚却认为有机可乘，串通管叔鲜和蔡叔度发动了叛乱，原来的一些诸侯国也趁机起兵反周。周公旦受命出兵东征。平叛战争胜利后，周公旦认为战争爆发归因于镐京的位置偏西，对东方的控制力不够，于是决定在东边建立一个新的都城——洛邑（今河南洛阳市）。

历史脉络图

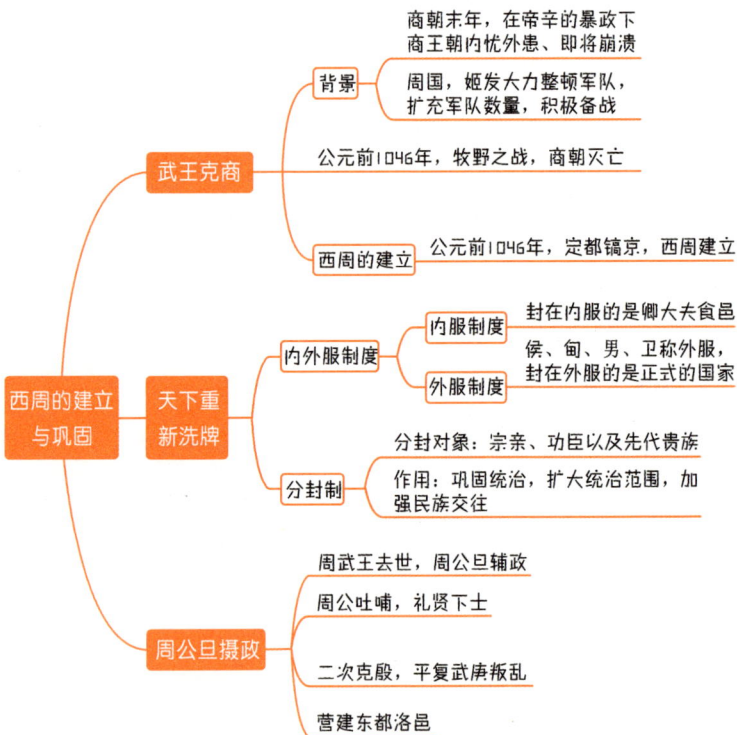

西周的建立与巩固
- 武王克商
  - 背景
    - 商朝末年，在帝辛的暴政下商王朝内忧外患、即将崩溃
    - 周国，姬发大力整顿军队，扩充军队数量，积极备战
  - 公元前1046年，牧野之战，商朝灭亡
  - 西周的建立——公元前1046年，定都镐京，西周建立
- 天下重新洗牌
  - 内外服制度
    - 内服制度——封在内服的是卿大夫食邑
    - 外服制度——侯、甸、男、卫称外服，封在外服的是正式的国家
  - 分封制
    - 分封对象：宗亲、功臣以及先代贵族
    - 作用：巩固统治，扩大统治范围，加强民族交往
- 周公旦摄政
  - 周武王去世，周公旦辅政
  - 周公吐哺，礼贤下士
  - 二次克殷，平复武庚叛乱
  - 营建东都洛邑

第五章

周天子的地位不稳了

有压迫就有反抗

周朝第十位天子周厉王姬胡当政时，内有诸侯借势争霸、外有夷族犯境，全年贡赋收入和支出严重不平衡。而周厉王本人不知节俭勤政，挥霍奢侈，似乎又要走上桀、帝辛的老路，周王室的财政很快出现了赤字。

充实国库势必要增加赋税额度。但王朝法定该收的税都收了，如何再立名目设立新税，是一件让人头疼的事情。这时，有个叫荣夷的大臣给他出了一个点子，对国土上的物产征收"专利税"。不论什么人，只要他们把山上的一草、一木、一鸟、一兽带出来，将河里的螃蟹、鱼虾、水草捞上岸，每一项索取大自然的劳动都被视为索取"王土"，百姓必须纳税。土地长存，纳税不止。这个馊主意立即遭到朝廷内外有识之士的强烈反对，可是周厉王根本听不进去，并让荣夷来负责征收"专利税"。

实行"专利税"后，百姓的生活更是雪上加霜，民怨四起。在当时流传这样一首歌谣："硕鼠硕鼠，无食我黍！三岁贯女，莫我肯顾。逝将去女，适彼乐土。"意思是说，大老鼠啊大老鼠，不要再吃我的粮食，多年来我纵惯着你，而你却对我们毫不照顾。我们发誓要离开你，到那乐园去。

面对社会舆论，周厉王不思悔改，反而任用卫巫进行"舆情监控"，若有人谈论有关"专利税"的事情或者埋怨厉王的决定，就抓来处死。由于周厉王的暴政，百姓们失去了自由，熟人在公共场合见了面，都不敢停下来说话，远远打个招呼就走开。镐京失去了往日的热闹，变得十分安静。

周厉王以为只要控制言论，就可以控制国家。他得意地对召穆公说："大家都默认了我的政策，这不是很好吗？"召穆公听了，对周厉王说："舆论是被控制了，可是民怨却越积越深。百姓的不满情绪好比河水，你用大坝拦住水流，水位越筑越高，一旦大坝崩溃，其危害将是无穷的。你可知道大禹治水的疏导法？治理国家也是这个道理。如今大王以严刑苛法，堵塞言路，不是很危险吗？"周厉王对召穆公的话置之不理，反而更加残暴地进行统治。

有压迫就有反抗，国人（居住在都城内的平民）忍无可忍，镐京城内的小贵族、小商人、手工业者聚集起来示威游行，最后恶化为冲击王宫。起初，周厉王还想把国人镇压下去，可调来的兵士原来全是平民出身，他们见国人造反，便纷纷倒戈。周厉王眼看大势已去，只好带了一些随从，偷偷溜出了王宫。

周幽王烽火戏诸侯

西周末期，出现了一个昏庸无道的君王，他便是周幽王，周幽王有一个美艳倾城的妃子褒姒，集万千宠爱于一身，可她却不肯轻易开口一笑。无奈之下，周幽王决定悬赏千金，寻求计策博美人一笑。

这时奸佞之臣虢石父献计说："大王，现在是太平时期，烽火早已多时不用，若点燃烽火，将诸侯都招来，娘娘一定会笑的。"周幽王眼睛一亮，觉得这个计策可行，便命人将烽火点燃。烽火乃外敌来袭的信号，军国大计，何等大事，岂容儿戏？当诸侯看到狼烟四起时，都率领兵马赶来勤王，谁知到了烽火台下，却并未发现外敌军马，倒是看到周幽王和褒姒在城墙上放声大笑。褒姒看到这些人来来回回地奔波，只为了一场烽火，认为非常好笑，她将这些诸侯当成笑料，诸侯们的气愤可想而知。这事过后，周幽王不但不思悔改，反而故伎重施，一再点燃烽火戏弄诸侯，后来诸侯再也不肯轻易上当了。

自从有了褒姒，周幽王便不再理会朝政。更荒唐的是，他为了进一步讨褒姒的欢心，竟然废黜了太子宜臼和王后申氏，削掉申侯的爵位，立褒姒为王后，将褒姒的儿子伯服立为太

子。宜臼害怕褒姒等人加害于他，便在周幽王十一年（公元前771年）逃往申国。

儿子跑了，色令智昏的周幽王没有从自己身上找原因，而是迁怒于申国并准备讨伐之。申侯得知了这个消息，便联合缯国和西北夷族犬戎共同攻打周朝的国都镐京。三国联合军队很快就来了，周幽王见大军压境，连忙放起狼烟向诸侯求救。诸侯哪里肯来？认为这又是周幽王的把戏，于是任由狼烟飘入云端，也不见诸侯班师勤王。

犬戎的兵马攻进镐京，只有镐京城内的士兵独自作战，他们原本就对周幽王的做法十分不满，这个时候也不想为他牺牲。所以在勉强招架了几个回合之后，都四散逃跑，镐京旋即被攻破。犬戎的兵马冲进城内，烧杀抢夺，周幽王哪里见过这样的阵势，吓得他连滚带爬，带着褒姒和伯服狼狈地从后门逃往骊山。

在奔往骊山的途中，他再次命人点燃烽火，将希望都寄托在诸侯的身上，做最后的挣扎。浓浓的狼烟飘至万里，但就是不见援军到来，这个时候他彻底绝望了。身边的护卫人员边跑边溜，到达骊宫的时候只剩下了一百余人。堂堂一介天子，却落得个众叛亲离，真是可悲可叹。

周幽王正在休息，谁知追兵已到，他忙叫人将前门烧毁，自己带着褒姒从后门逃走。犬戎的兵马很快就追了上来，看到他穿着天子的衣服，不由分说将他乱刀砍死。周幽王被杀，西周灭亡。

关于西周的灭亡，历来众说纷纭，一说是褒姒的错，一说是周幽王自身昏庸，到底是谁的错？《诗经·小雅·正月》里说"赫赫宗周，褒姒灭之"，将过错全都推到了褒姒的身上。但是在《楚辞·天问》中提到"周幽谁诛？焉得夫褒姒？"这里是问句，显然对于"赫赫宗周，褒姒灭之"这句话存有疑问。其实这是一句反驳的话。试想想，一个偌大的周朝，怎么能被一个孱弱的女子灭掉？周幽王自身昏庸无道，不励精图治、体恤民情，为人贪婪奢靡，并且重用虢石父，司马迁用"为人佞巧，善谀好利"这八个字来评价虢石父，可见他的为人。西周有一个这样的君王，国家怎么会不灭亡？

历史争鸣

"烽火戏诸侯"的典故是真的吗

可能是虚构的。首先，西周时期没有烽火台。周幽王联络诸侯国军队的方式是击鼓，而并不是烽火。从考古发现来看，我国最早的烽火台建造于西汉时期。钱穆先生所著的《国史大纲》中说："举烽传警，乃汉人备匈奴事耳。"其次，西周的都城镐京位于当时帝国版图的西部，函谷关以内的关中地区。至于齐、鲁、晋等大国，想要出兵勤王，在当时只能骑马的年代，诸侯无法同时到达。

郑国将军箭射周天子

在周平王东迁后，周天子的威信便荡然无存，诸侯们都伺机扩张自己的势力，不将天子放在眼里。郑国的郑庄公就是一例。他在朝中独揽大权，挟天子以令诸侯，许多王侯贵族都要听他的调遣。周平王十分不平，想要起用西虢公来分化郑庄公的权力。当郑庄公知道后，对周平王极其不满，竟当面质问周平王。而周平王却因本性懦弱力图辩白此事，为表示相互信任，还提议周郑之间交换质子，将自己的儿子送到郑国，好像人家才是主子一样。

这样一个懦弱之人，哪里还有君王的样子。这也给郑庄公壮了胆子，为多年以后箭射天子埋下了种子。郑庄公在朝中专横跋扈，谁都不敢惹他。

周平王死后，周桓王打算再次任命西虢公为卿士，这次可惹恼了郑庄公，他派遣军队强割了周属地的麦子，然后又收割了成熟的谷子。

周桓王忍无可忍，他从没想到一个小小的诸侯竟敢带着军队强收周地的麦子，一怒之下罢免了郑庄公，并任命西虢公为卿士，一场斗争似乎不可避免。

必备知识

郑庄公的"叛逆"

"周郑交质"的本质在于周天子的王权和诸侯王霸权的冲突。周平王希望以卿士为王权服务，而郑庄公希望挟天子以令诸侯。周平王在郑庄公之外又任命西虢公忌父为卿士，分化了郑庄公的权力，并且平王偏重于西虢公忌父，因此引起了郑庄公的不满。

郑庄公在位期间的行为一直被当时的人们认为是叛逆。首先，郑庄公平定胞弟叔段的叛乱，把弟弟斩草除根，消除了国家内乱，成就了历史上闻名的郑伯克段于鄢的战役。之后，郑庄公更加肆无忌惮。他是第一个敢公开和周天子叫板的诸侯。因此周平王剥夺了他的爵位，这也是为什么郑庄公在史书中被称为郑伯的原因。被激怒的郑庄公干脆不再顾及礼乐制度，要求互换质子，不然就和周平王公开一战。周平王害怕郑庄公真的反了，就同意了质子互换的要求。

郑庄公从此不再朝见天子。后来，郑庄公采用祭足的建议，假借天子之名讨伐宋国，与齐鲁的军队共同击败了宋国。假借天子的命令去讨伐其他诸侯国，这在当时是大逆不道的行为，但是各诸侯国都害怕郑国，连哼一声都不敢。就是强大的齐国也没有反对，当然攻打宋国可能会对齐国有利，不然也不会盲目听从郑庄公的领导。当周桓王得知此事后，暴跳如雷，决定亲自讨伐郑国。他刚刚即位，血气方刚，颇有初生牛犊不怕虎的气势。

周桓王亲自率领着王师和卫、陈、蔡等国的军队去讨伐郑庄公。他心想，天子亲征，一定会吓得郑庄公浑身发抖，让士兵放下武器对自己跪拜。想到这，他不禁得意地笑了起来。郑庄公采用公子元和高渠弥的建议攻打王师，唯有出兵攻打王师，才能彰显自身的实力。

双方在繻葛（今河南长葛市）交战，郑国准备得十分充分，郑庄公下令先将陈、蔡、卫这三个国家的军队击溃，不出他所料，陈、蔡、卫三国军队果然迅速溃败，只剩下周桓王

的军队还在苦苦支撑。郑庄公看时机已到，便派大军向王师进攻，王师败退。周桓王很是震惊，他怎么也不敢相信郑庄公敢与自己率领的王师相斗，一怒之下，驱马冲向前阵，幻想着只要郑国的士兵看到了天子，一定会纷纷丢下武器。

郑国将军祝聘远远看到周桓王，一箭射过去，由于距离太远，只射中了他的肩膀，周桓王狼狈而逃。

郑庄公的手下还建议要继续追击，但是郑庄公却没有这样做，说道："君子都不愿意凌人之上，我又怎能骑在天子的头上，我只图自救，国家没有受到危害，就已经很不错了。"可见郑庄公并不想取周室而代之，只是希望做一个权臣来号令群侯。自此，周王室彻底失去了威严，而郑国在诸侯当中威信大增，依仗兵力之强，与齐、卫、宋结盟，成为春秋初期的霸主。

历史脉络图

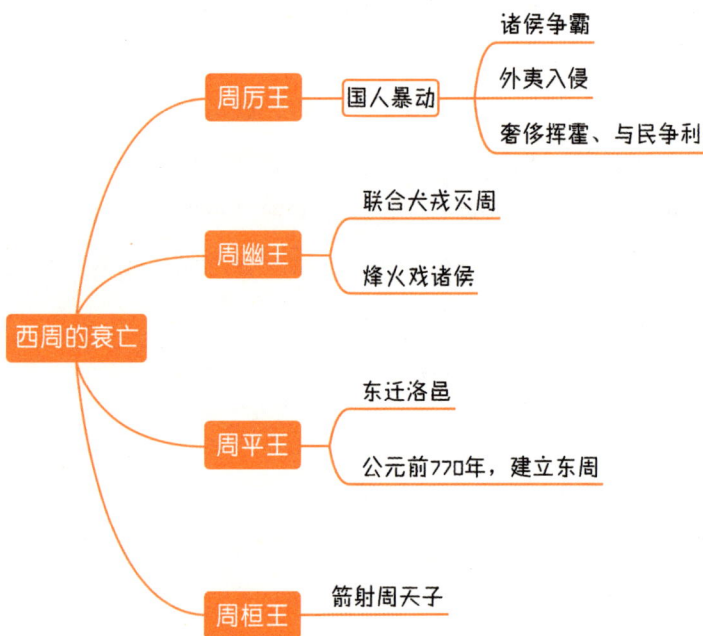

第 六 章

春秋时期的霸主们

齐桓公当选第一霸主

当天子威信扫地，诸侯做大的时候，东方的齐国渐渐强盛起来，但是在荒唐的齐襄公统治下，国内一片混乱。齐桓公就是在此时使齐国再次变得强盛，他也成为中原第一任霸主。

公孙无知杀了齐襄公以后，自立为国君，但他毕竟不是正统，在第二年就被雍林杀害，于是，齐国陷入了无君王的局面。此时在外的公子纠和公子小白（即齐桓公）就成了合法继承人，两人都想回国继位，正所谓一山容不下二虎，一国也不能有两个君王，争斗在所难免。

公子纠的母亲是鲁国人，他趁齐国内乱时逃到了鲁国，有了一个国家的支持，胜算就大很多，况且他身边还有大名鼎鼎的管仲辅佐。

而公子小白与国内大臣高傒的关系很好，高傒迅速派人将公孙无知的死讯通知了尚在莒国的公子小白，公子小白在鲍叔牙等人的护卫下匆匆向齐国赶去。鲁国人的消息也很灵通，他们叫公子纠快速回去争夺王位。管仲带着军队去围剿公子小白。管仲看到公子小白，立刻射了一箭，其实这一箭射在了公子小白的衣带上。公子小白见对方人多，急中生智，倒下装死，管仲见公子小白已死，便回国告诉公子纠："我已经杀了公子小白，你就放心回去当国君吧！"公子纠非常得意，于是就慢慢地向齐国行进，认为自己已经当定了齐国的国君。

公子小白是装死的，管仲一走，他就悄悄地继续前进，当公子纠以为稳操胜券的时候，他早已回到了齐国，高傒抓紧时间立他为君王，即齐桓公。鲁国得知此事后，便发兵攻打齐国，齐国军队奋起抵抗，大败鲁军。鲁国弱小，而且出师无名，自此以后便不敢再与齐国交战。

齐桓公心里憋着一股怨气，想要找管仲报一箭之仇，鲍叔牙听后便说："大王，你不能杀他，如果你想要治理国家，有我和高傒就够了，但是想要称霸，就非管仲不可。他到哪个国家，哪个国家就会强盛，不但不能杀他，还要重用他。"

齐桓公有些不甘心，但还是听取了鲍叔牙的建议。齐桓公心存怨气，既然管仲不能杀，那就杀公子纠吧，于是给鲁国写了一封信。鲁国人看过信后，哪敢不从，便将公子纠杀害，把管仲送到了齐国。齐桓公见到管仲，认为鲍叔牙说的没错，决定重用管仲。从这里可以看出，齐桓公不愧为贤君，他能够不计前嫌，重用良臣，方能称霸于诸侯。

之后齐桓公就走上了称霸的道路。齐桓公先是把侵占的土地归还给鲁国、燕国，与近邻修好。然后任管仲为国相，大胆改革。在政治上实行国野分治的政策，都城为国，其他地方为野，地方官员必须各尽其职，如果胆敢荒废政业，就要予以处罚；在军事上实行军政合一、民兵合一的策略，招收义务兵，在没有战事的时候，士兵可以回家务农，这样既不浪费人力资源，也可以让庄稼丰收。

这一系列的措施令齐国百业兴起，繁荣一时。

管仲还提出"尊王攘夷"的策略。尊王攘夷，就是尊重周天子讨伐蛮夷之邦的意思，对于不尊重周天子的，也可以讨伐。齐桓公认为这个想法不错，就接纳了管仲的建议。此时已经没有其他诸侯再去周王室朝贺，唯独齐桓公派使臣向周王进贡。虽然看起来有点假，可是终归表示了一种态度，这让各路诸侯另眼相看。

公元前681年，齐桓公在甄地召集诸侯会盟，在会盟时，齐桓公订立了条约，内容大概是：要按时向周朝进贡，帮助弱小的国家，不得侵略别国。对于不尊敬周王室的国家，大家就要一起去讨伐，同样，随意侵略他国的国家也要予以讨伐。齐桓公以"正义"自居，名正言顺，做起事来就毫无顾虑。不过，实际上齐桓公此时的威望还不太高，参加的诸侯国也不多。不久后宋国违背盟约，齐桓公率兵讨伐，因此威望大增。

公元前679年，桓公又与诸侯在甄地会盟，现在各诸侯国基本都承认了桓公的霸主地位。这次会盟，周王室的大夫单伯也参与其中，这就显示了周王室对桓公霸主地位的认可。

这次会盟后，各国诸侯在桓公的带领下都相对安定许多。但是，外族部落却经常进犯中原，多以燕国北面的北戎和太行山附近的赤狄部族为主，桓公得知后就召集诸侯讨伐这些外族。他带着部队直接向燕国北部行去，可是到了那里，北戎早

　　已抢完财物逃之夭夭了。对于这个让无数统治者头疼的问题，管仲说："山戎虽然逃了，但是我们不能保证他们不会再来，所以要一追到底，一网打尽！"齐桓公听从了他的话，便率军继续追击。燕国知道附近有个无终国也讨厌山戎，便向齐桓公建议去联合无终国。无终国答应了齐桓公，并带路前去，最终消灭了山戎。

　　在这期间，还出了个成语——老马识途，当时齐桓公率军追讨山戎，山戎知道打不过，就跑到孤竹国。齐桓公带兵前去，孤竹国大将迎战败逃，回去后建议君主杀了山戎的首领，然后诱齐等国去一个荒凉的地方，那里很容易迷路，等对方没有了战意，再一网打尽。

　　孤竹国的君主听从了这名大将的建议，把山戎的首领杀了，并将首级献给齐桓公，说还有山戎的余部逃跑了，齐桓公相信了他们，于是便率军前去追击。大部队行到了一片荒凉的地方，风沙弥漫，看不清道路，这时再找孤竹国的大将，哪里还有人影。

这时管仲说道："这些常年奔跑的老马认识回去的路，就让这几匹老马走在前面，我们跟着就行了。"齐桓公半信半疑，但此时也没有更好的办法了，只能按照管仲说的那样姑且一试，结果这几匹老马还真的找到了回去的路，化解了这次危机。

齐桓公驱逐了外族部落，霸主地位更是名副其实，但是唯独在南方的楚国不服他，想要与他争锋，楚国也从来不向周王室进贡，并且楚国国君自称楚王，这让齐桓公很不满，于是便联合诸侯向楚国进兵。

齐桓公联合宋、鲁、卫等七国军队去讨伐楚国，楚成王听闻后不知所措，忙派使臣去谈判。使臣来到军中，问齐桓公："您住在北方，我们住在南方，牛马相逐也到不了双方的领土，为什么要攻打我国？"这一句话就是成语"风马牛不相及"的出处。

管仲听后便解释道："之前召公命我先君说'五等诸侯和九州的长官，你都有权征讨他们，以辅佐周王室。'并且召公还赋予了我们征讨范围'东至于海，西至于河，南至于穆陵，北至于无棣。'你们应该进贡却没有缴纳，我们特来征收贡品。另外，周昭王南巡也没有返回，我们也要查看一番。"

您住在北方，我们住在南方，牛马相逐也到不了双方的领土，为什么要攻打我国？

楚国使臣听后，也针锋相对："贡品没有缴纳，是我们国君的过错，我们怎敢不给。至于昭王南巡没有返回，还是请您到水边去问一问吧。"说完，楚国使臣便回国了，而齐桓公率领的联军却没有驻足，继续向楚国进军。

夏天时，楚成王又派屈完与齐国交涉，齐桓公有意显示自己的实力，让诸侯摆开阵势，将屈完邀请到车上一同观看军容，想要吓他一吓。齐桓公说道："这些诸侯都不是为了我而来，而是继承了先君的友好关系，楚国也同我们建立这样的关系吧。"屈完看了也有些傻眼，忙说道："承蒙大王的厚爱，这真是求之不得。"

齐桓公知道起了效果，为了进一步炫耀自己的实力，就继续说道："看看这里的军队，我若是带领这些诸侯一同去攻伐别的国家，会有攻不下的国家城池吗？谁又能抵挡他们！"

屈完这一次却显得不卑不亢，说道："如果您用仁德来安抚诸侯，有哪个会不顺从？如果您用武力的话，我们就把方城山当作城墙，将汉水当作护城河，您的兵马虽多，恐怕也未必攻得下！"

齐桓公没想到此人刚才还怕得要命，现在却这样说，而且他也没有真的打算攻打楚国，心想吓不住人家就算了，真要打起来这些诸侯也不会尽力，于是便同楚国建立了盟友关系。至此，齐桓公的霸业算是走到了顶峰，成为名副其实的中原霸主。

必备知识

会盟

会盟是古代诸侯会面和结盟的仪式。春秋时期，一些较小的诸侯国为了抵御大国侵略，联合作战；一些较大的国家利用自己的实力和影响，胁迫其他小国加入自己的阵线，都称为会盟。齐桓公在位四十三年，诸侯会盟有十七次之多。

颠沛流离的晋文公

　　齐桓公死后，齐国内政一片混乱，齐国也失去了霸主地位。宋襄公不过是一个小插曲，真正取代其霸主地位的是晋国公子重耳，也就是我们说的晋文公。

　　晋文公重耳是晋献公的儿子，当初晋献公讨伐骊戎，骊戎献出了两个女儿，其中大女儿就是骊姬。骊姬十分貌美，很受献公的宠爱，她生下了两个儿子，等儿子长大，便想要立自己的儿子为太子，在经过一系列的谋划后，导致太子申生自杀，公子重耳和夷吾也逃亡到国外。

　　重耳先是逃到了蒲城，紧接着献公就带兵来攻打他，他不敢与父亲交战，翻墙而逃，逃到了他母亲的国家翟国，也许是献公念及重耳的母亲，并没有对他赶尽杀绝。重耳与舅舅狐偃、赵衰等人也在这里会合了，狐偃本就是翟国人，他对重耳做出了很妥当的安排。

　　公元前651年，年老的晋献公想要把君位传给骊姬的儿子奚齐，并尊骊姬为国母，但是就在献公尸骨未寒的时候，大臣里克等人作乱，杀了奚齐，导致国内无君的局面。里克想要立重耳为君王，但是重耳担心这是个阴谋，拒绝了里克的好意，里克只好找来公子夷吾，立为君王，是为晋惠公。

晋惠公担心重耳威胁自己的君位，便派人追杀重耳，重耳得知后，匆忙离开了翟国，此时他在翟国已经待了十二年之久。他先是逃到卫国，而卫文公没有理会他，他只好去了齐国。当时齐桓公还健在，他见重耳谈吐不凡，便将齐姜嫁给他。

重耳被女色所迷，喜欢上了这种安逸的生活，但是他身边的人不希望他再这样下去，便商量着把他强行带走。一天，他们将重耳灌醉，然后让狐偃等人将他拉走。

一行人又走了很久，中途到过宋国，宋襄公以礼相待。到了楚国，楚成王也款待周到，并且此时楚成王打败了宋襄公，举国欢庆。楚成王热情款待重耳，但是也有条件，他问道："我待你可好？"重耳答道："好啊。"楚成王又说道："日后你若回国当上君王，怎么回报我？"重耳一听，知道他也不是白白招待自己，就说道："金银珠宝，奇珍异品，我都可以送给大王。"楚成王摇摇头，不满意地说道："这些我都有了。"

重耳见楚成王不是贪图小利的人，便狠下心说道："假如将来两国迫不得已交战，我定当退避三舍，以报你的大恩大德。"楚成王听到这些话，才微笑着点了点头。不过，重耳这么说也不是软弱，下面我们会了解他的用意。

此间又过了几年，晋惠公衰老而亡，其子晋怀公即位。但是晋怀公实行暴政，老百姓和许多大臣都不服他。此时秦穆公主动来联系重耳，说能帮助他回国当上君王，重耳知道机会来了，便辞别楚王，来到秦国。

秦穆公一见到重耳，就知道他是做大事的人，于是便派兵马护送他回国，重耳回国后，与一些氏族取得联系，发动了政变，终于成为晋国的国君，晋怀公逃亡，最后被杀。

重耳终于当上了晋国的国君，此时他已经六十多岁，但是对霸业的向往丝毫没有减少，他在国内实行了一系列政策，令国家安定下来。晋文公返回国的同一年，周王室发生了内乱，文公便率大军去帮助周王室平定内乱，周王室很是感激他，封给了他一些土地。这次勤王，不仅让文公得到了尊王的美名，还使晋国的疆域扩展至太行山东南的南阳地区，晋国实力大增。而南面的楚国在齐桓公时处处受制，不敢向北进兵，只能向东发展，先后灭掉了一些小国，扩展了版图。桓公一死，联盟自动解散，一些小国都转而依附强大的楚国。而在文公回国后，晋国俨然有可与楚国一争高下的气势，一些国家便转投晋国。首先叛变的是宋国。宋国与楚国原本矛盾很深，但慑于楚国的淫威，只能屈服，现在看到晋国强大了，就马上倒戈。而楚国为了保住自己的颜面，是一定要兴师伐宋的。

宋国打起仗来怎么可能是楚国的对手，只好向晋国求援，晋文公心里暗喜，他早就想和楚国一比高下，便率领联军与楚军相斗，几个回合下来，双方都筋疲力尽。楚国在久攻不克的情况下撤出了部分主力，齐国与秦国也先后撤兵。楚国的大将子玉还在围攻宋国。而晋国缓过气来也开始对付卫、曹两国，这两个国家是楚国的附庸国，每次打仗都出兵，阻挠晋军救援。

楚国想要撤兵，不过却要晋国放弃继续攻伐卫、曹两国。晋文公认为这对自己影响不大，便利用外交手段，让齐、秦两国替宋国解围，并且向卫、曹两国承诺，只要他们肯与晋国结盟，就将侵占的土地还给他们。这样的好事岂能错过，卫、曹两国也识时务，立刻倒戈相向。

子玉听说此事，真是气歪了鼻子，当初不就是你们请我过来助战吗？现在自己先投降了？子玉将这一股怒气发到了晋国的身上，于是又向晋国下了战帖。

晋文公对与楚国正面交战还是有顾虑的，毕竟它也是强国，但要是不打，刚刚树立的威信便会立刻扫地，所有的努力也白费了，于是就派出先轸迎战。

两国在城濮交战，晋文公兑现了当初的承诺，命令军队后退三舍，有些大臣认为这样不妥，未战先退，士气就会下降。但是晋文公毫无顾虑，军队听令后退三舍，这让楚兵有些摸不到头脑，还以为是晋军害怕了。

其实这虽是晋文公的诺言，但也是一个计谋，先诱敌深入，以退为进，再打敌方一个措手不及，而且军队实际上也没有退出去三舍，只是象征性地后退而已。果真，楚军以为晋军害怕，毫无顾忌地冲了过去，但到了晋军阵前时，却发现晋军阵形没有一丝混乱，晋军将楚军的前头部队包围，后面的楚军还不知情，立功心切，继续向前冲，而前面的士兵向后退，整个队伍都乱了套。晋军趁此机会大破楚军，楚军士气丢了大半。子玉见状暗叫不好，赶紧击鼓收兵，即使如此，楚军也十去其六，这次战役，晋军大获全胜。

　　这次战役后，楚军退出了中原，晋国的实力也威震八方，文公在城濮之战后会盟诸侯于践土，周襄王也被文公请来，他在会盟前接见文公，册封文公为"侯伯"。晋文公就这样成了名副其实的霸主。

想要挺进中原的楚庄王

楚国一直以来都想挺进中原，无奈的是几次进攻都不能如愿，到了楚庄王时期，才令楚军挺进中原并站稳脚跟。

楚庄王刚刚即位时，楚国比较混乱，他并没有什么作为，主要是因为楚国是一个贵族掌权的国家，一些贵族掌握着实权，实力不亚于楚庄王。楚庄王继位不久，发生了斗克之乱，险些让他性命不保，在这样的政治环境下，楚庄王也只能隐忍不发。

正所谓祸不单行，公元前 611 年，楚国发生了大饥荒，并且之前收服的部族国家也要叛乱，可谓是雪上加霜。而楚庄王对朝政不闻不问，整日饮酒作乐，将朝政大权还给了贵族，并且在门口立块牌子，上面写着："有敢谏者，杀无赦！"

说到这里我们犯糊涂了，这样的君王也能排进春秋五霸？其实，楚庄王并非这样的君王，不然怎能称霸中原，载入史册，这只是他麻痹那些想要叛乱的贵族的一种手段，并且借机看清谁对他忠心。

一天，大夫伍举对楚庄王说道："有人对我说过一个谜语，我怎么也猜不出来，还是请大王来猜猜。谜语是'楚京有大鸟，栖上在朝堂，历时三年整，不鸣亦不翔。令人好难解，到底为哪桩？'这样的怪鸟，究竟是什么鸟？"楚庄王明白了他的意思，便笑道："这种鸟三年不飞，一飞冲天，三年不鸣，一鸣惊人，你等着看吧！"伍举知道庄王将要有一番作为，高兴地走了。

可是几个月过后，庄王依旧没有改变，大夫苏从又来劝谏。庄王觉得时机已到，便接受了劝谏，从此远离美色，准备大干一番。庄王先是解除了内部的隐患，将一些作乱的贵族铲除，然后安抚百姓，收复附近的失地。

处理好内政后，楚庄王意欲北上，但是当时的晋国依然很强大，由于晋国卿大夫赵盾有着绝对的权威，令晋国上下一心，实力不容小觑。赵盾联合中原的几个国家抵制楚国北上，

面对固若金汤的防御，楚庄王也只能望眼欲穿。不久赵盾去世了。庄王本以为有机可乘，谁料郤缺继承了赵盾的作风，庄王因此不敢贸然北犯。

公元前597年，随着郤缺的死，晋国陷入了混乱，这让楚庄王看到了希望。正在晋国整顿内政时，楚国已悄悄盯上了郑国。楚国派大军潜入郑国，与郑国展开了规模较大的战争。郑国这样的小国怎能抵挡住楚国的强攻，没几个回合便败下阵来，郑襄公见状不妙，要是再打下去就要被灭了，于是卑躬屈膝地向楚国求和，于是楚、郑正式联盟。

郑国虽小，但地处中原，楚国将它作为军事基地，随时观察着中原的一举一动，可见楚庄王的这一着棋也是有预谋的。当晋国听说郑国被楚国打败后，也明白了楚国的狼子野心，忙派兵前去营救。

楚军听说晋军来袭，便准备迎战，两军对峙了几天，都没有什么动作。当时晋、楚双方都有主战派和主和派。楚庄王也拿不定主意，他一边派人到晋国求和，一边让军队悄悄向北进军，可谓双管齐下，看来他这个人还是挺狡猾的。

而晋国这边，由于郤缺的死，大夫们都在夺权，对于是否攻打楚军这个问题一直争论不休，晋军的主将不想贸然出兵，而副将对主将这一决定十分不满，竟然假传号令，带着一支部队攻打楚国去了。随后，晋军副将在阵前叫骂，惹怒了楚庄王。

原来晋军副将设计诱庄王深入，到时楚军见大王犯险，肯定会不顾一切地冲过去。结果还真像晋军设想的那样，只不过楚兵在庄王的带领下士气大振。晋军没想到诱敌深入变成了引狼入室，胆子都被吓破了，这其中也包括晋军的主将。他被吓得不敢应战，忙命令士兵"先渡过黄河的有赏"，这实际上就是下了撤兵的命令，谁逃跑得快，还要给予奖励，比撤退的命令更可怕。于是，晋军士气更加低落，无心恋战，都想着快点逃命。这场战争以楚军告胜结束，楚庄王还算厚道，没有继续追击，他将军队调回，饮马黄河，场面很是壮观。

你知道吗？

饮马黄河

饮马黄河指楚庄王势力由长江下游拓展到黄河的中原地区，可以理解为称霸中原的意思。和问鼎中原不一样，问鼎中原是有志向但还未实施，饮马黄河是已经达到目的。

在这之后，楚庄王又先后攻下了许多小国，并将军队驻扎在洛阳边上，在周王室的疆土前一站，好像随时要开战一样。周王一看，后背着实出了一阵冷汗，急忙派王孙满去慰劳楚军，楚庄王借机询问周鼎的大小轻重，想要将鼎移到楚国。王孙满说："鼎的大小、轻重在于君王的德行，而不在于鼎本身，如果君主贤明，鼎再小也大，如果君主昏庸无道，鼎再重也轻。现在周室的德行虽然衰减，但是天命还未更改，鼎的轻重是不应当被询问的。"楚庄王问鼎，是想要对周王室取而代之，结果听了这一番话，很是羞愧，悻悻地离开周疆，不过问鼎中原却成为佳话，后人都对庄王的霸气赞不绝口。

必备知识

楚庄王问鼎

鼎是我国青铜文化的代表，在古代被视为立国重器，是国家和权力的象征。直到现在，中国人仍然有一种鼎崇拜的意识，"鼎"字也被赋予"显赫""尊贵""盛大"等引申意义，比如一言九鼎、大名鼎鼎、鼎盛时期、鼎力相助等。鼎又是旌功记绩的礼器。周代的国君或王公大臣在重大庆典或接受赏赐时都要铸鼎，以旌表功绩，记载盛况。"问鼎"的典故出自《左传》，大意是：楚庄王为讨伐外族入侵者来到洛阳，在周朝境内检阅军队。周定王派大夫王孙满去慰劳，楚庄王借机询问周鼎的大小轻重。周王朝定鼎中原，权力天赐。鼎的轻重不当询问。楚庄王问鼎，大有欲取周王朝天下而代之的意思，结果遭到定王使者王孙满的严词斥责。后来就把图谋篡夺王位叫作"问鼎"。

卧薪尝胆的越王勾践

勾践兵败会稽后，为了能保全越国，不惜求和并到吴国为奴。

在吴国，勾践完全就是一个奴隶，所有的脏活累活都得干。每天勾践还不忘讨好夫差，生怕夫差哪天一生气，就把自己给杀了。况且伍子胥总想杀他，他每天都提心吊胆，紧紧抓住夫差这个护身符，生怕夫差不在，伍子胥就对自己下毒手。夫差上马时，勾践就忙跪下来，充当上马石；夫差坐在马车里前进，他就在旁边跑；夫差还用鞭子抽打他，勾践的身上出现血痕，脚掌都磨破了也不敢停下来。

范蠡与勾践一同到吴国为奴，不过范蠡要比勾践强很多，不用做太多的苦差事，夫差只想羞辱勾践一人。虽然受苦勾践不怕，他怕的是范蠡这个贤能之人背叛自己。夫差也知道范蠡是个贤能之人，曾经想说服范蠡，但是范蠡意坚不移，说道："亡国之臣不敢语政，败军之将不敢言勇。我在越国不能辅佐勾践行善政，所以才得罪了大王，现在侥幸不死，大王已经对我仁至义尽了，我又哪敢贪求富贵？"这一番话说得夫差哑口无言。勾践知道范蠡不会背叛自己，很是高兴。

一天，夫差在姑苏台上看到勾践坐在粪堆旁边休息，而范蠡则恭敬地站在一旁，认为这主仆二人也够可怜的，就有了要放勾践回国之心。太宰伯嚭看到后就在一旁说道："大王，我看这两人也够惨的了，不如就将他们放了吧。"夫差没有表态，但是已经在做打算了。

勾践终于熬到回国的日子了，喜不自禁。回国后，一心想要杀掉夫差，不过却苦于没有实力，只能忍气吞声。勾践在越国是一国之君，却不住在华丽的宫中，他修建了一间石室，床上也只铺破草垫子，在床的正上方挂着一个苦胆，每天起床都要尝一尝，对自己说道："你忘了在吴国的耻辱了吗？"他当然忘不了，每当他闭上眼，过去的种种屈辱就会像潮水一样席卷而来，他把这份恨深深地藏在了心底。

　　勾践励精图治，《史记》中记载，他亲自下田，鼓励生产，增加人口，减轻赋役，一时间越国民富国盛。越国人都知道君王受到了很大的耻辱，都嚷嚷着要为大王报仇，国君的耻辱就是国家的耻辱。这时赋役虽然减轻，但是民众想打仗的欲望却十分强烈，纷纷投入军中。勾践何尝不想报仇，只不过每一次蠢蠢欲动时都被范蠡阻止下来，当时两国差距还很大，要是真打起来，越国肯定保不住。

　　二十年后，终于守得云开见月明，吴国北上与晋国争夺霸主，越国趁吴国国内空虚，便去攻打吴国都城，结果大败吴军。这一次进攻时机还不是很好，三年后，吴国实力削减，越国大军压境，一举拿下了吴国。

　　夫差与勾践都是君王，勾践打败了夫差，当夫差派人求和时十分想答应下来，不过范蠡坚持让勾践杀了夫差。勾践终于报仇雪恨，灭掉了强吴。

卧薪尝胆的故事是真的吗

越王勾践卧薪尝胆的故事流传千百年，但很可能是后人的编述。

《左传》和《国语》都是战国时代的人利用春秋时代的历史记载编纂而成的专门记述春秋史实的文献。它们都详细记载了吴越战争的经过，但并没有说到勾践"卧薪尝胆"。《史记》也没有卧薪尝胆的记载。《吴越春秋》中写的"目卧，则攻之以蓼"，不是"卧薪"。因为"蓼"是一种野菜。勾践日夜操劳，眼睛疲倦，就用蓼薪来刺激。最早将"卧薪"和"尝胆"连在一起作为一个成语使用的，是在北宋苏轼所写的《拟孙权答曹操书》中，文中有"仆受遗以来，卧薪尝胆"。苏轼文章影响很大，所以后人著述中就屡次提到勾践"坐薪尝胆"或"卧薪尝胆"。由此可见，越王勾践并未卧薪尝胆，最多也只是"尝胆"而已，"卧薪"则缺少有力的证据。

历史脉络图

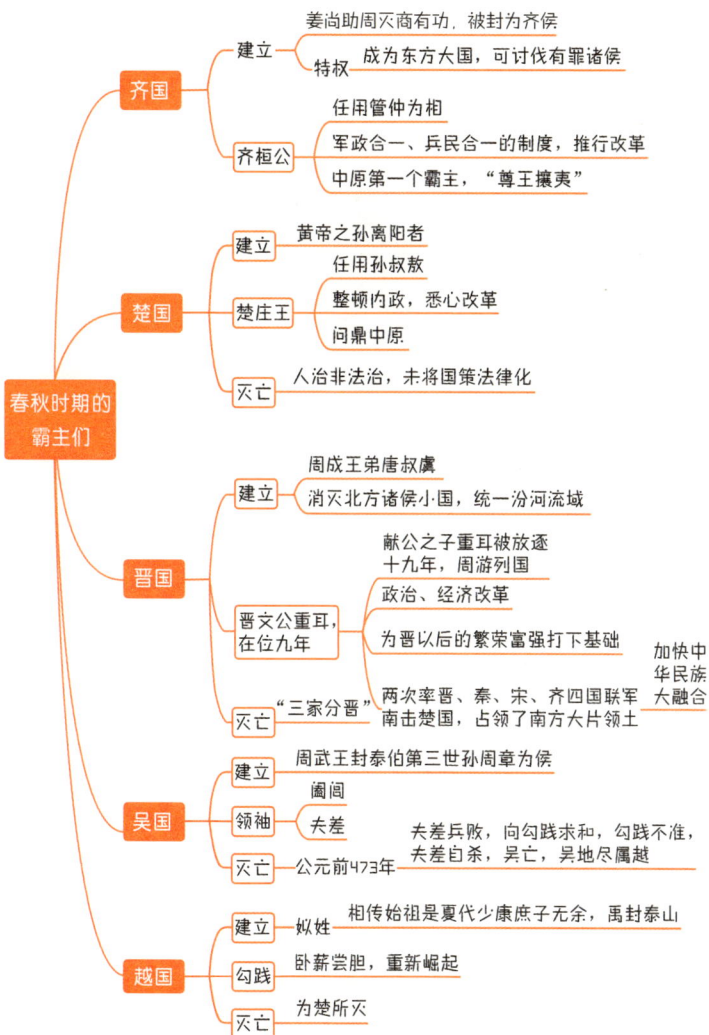

齐国
- 建立
  - 姜尚助周灭商有功，被封为齐侯
  - 特权 —— 成为东方大国，可讨伐有罪诸侯
- 齐桓公
  - 任用管仲为相
  - 军政合一、兵民合一的制度，推行改革
  - 中原第一个霸主，"尊王攘夷"

楚国
- 建立 —— 黄帝之孙离阳者
- 楚庄王
  - 任用孙叔敖
  - 整顿内政，悉心改革
  - 问鼎中原
- 灭亡 —— 人治非法治，未将国策法律化

晋国
- 建立
  - 周成王弟唐叔虞
  - 消灭北方诸侯小国，统一汾河流域
- 晋文公重耳，在位九年
  - 献公之子重耳被放逐十九年，周游列国
  - 政治、经济改革
  - 为晋以后的繁荣富强打下基础
- 灭亡 —— "三家分晋"
  - 两次率晋、秦、宋、齐四国联军南击楚国，占领了南方大片领土

加快中华民族大融合

吴国
- 建立 —— 周武王封泰伯第三世孙周章为侯
- 领袖
  - 阖闾
  - 夫差 —— 夫差兵败，向勾践求和，勾践不准，夫差自杀，吴亡，吴地尽属越
- 灭亡 —— 公元前473年

越国
- 建立 —— 姒姓 —— 相传始祖是夏代少康庶子无余，禹封泰山
- 勾践 —— 卧薪尝胆，重新崛起
- 灭亡 —— 为楚所灭

第七章

百家争鸣

高深的智者——老子

老子是道家的创始人，他无疑是一位高深的智者，他的智慧已经跨越了时空，其影响范围十分深远，就连国外的不少思想家也对他赞不绝口。

在老子的画像当中，无一例外都是白发飘飘，满脸的沧桑，体现出他有无上的智慧。由于历史久远，一些书籍早已丢失，关于老子的生平也无法做出确切的考证，就连司马迁也没

有克服这个困难，所以他也只说，老子姓李，名耳，字聃。

　　我们一般认为老子生活在春秋晚期，比孔子早几十年，因为孔子还曾向他请教过。

孔子向老子请教的故事

　　孔子特地到周的都城洛阳，专门向老子请教礼。老子见孔子不远千里而来，很是高兴，所以老子先问孔子，他对礼的看法。听完孔子的话，老子告诫孔子说："周礼已经崩塌了，周礼所存在的遗迹还在，周礼所奉行的话还存在，就像一个君子一样，遇到好的君主就应该入世，遇到不好的君主就应该出世，就像乌龟一样，遇到危险时，懂得用龟壳保护自己。懂得掩饰自己，懂得大智若愚。"孔子很仔细地听着老子的话，老子说完他一直没有离去。老子看到孔子就知道他还没有明白，于是张开嘴巴问他："我的牙齿还在吗？"孔子恭敬地回答："已经不在了。"老子又问他："那我的舌头还在吗？"孔子说："舌头一直都在啊。"老子笑着说："所以并不一定坚硬的东西留在最后。舌头最软，却留到最后，所以要懂得以柔克刚。"孔子恍然大悟，向老子低头鞠躬行礼。

老子曾在周王室做过图书管理员, 当时管理图书的史官与现在的图书管理员截然不同, 他们要熟悉各种典籍、历史, 还要负责档案和天文历法的整理, 要有丰富的知识才能胜任这个职位。老子就处在这个职位, 他在图书馆的日子, 不忙的时候就找书来看, 这让他获得了更广博的知识。

春秋时期, 天下难以太平, 就连小小的一个周王室也很能折腾。为了争夺王位, 周王子朝与敬王展开了一场内部战争, 最后以周王子朝的失败告终, 不过周王子朝却带着图书馆里的典籍去投奔楚国, 许多典籍因此而散失。这给了老子很大的打击, 那些书就像他的孩子一样, 什么都没有了, 留在这里还有什么意义, 于是他就弃官而走。

他决定去秦国这个没有战乱的国家隐居起来, 于是便骑着青牛, 悠悠地向函谷关走去。当函谷关的城守尹喜看到他身旁紫气升腾, 便拦下了他, 请求老子为他著书。老子答应下来, 于是五千言的《道德经》便问世了。

关于老子的思想, 都体现在《道德经》中。《道德经》分上下两篇共八十一章, 上篇名为《道经》, 有三十七章, 下篇名为《德经》, 有四十四章。纵观《道德经》, 其文笔简短精练, 读起来朗朗上口, 朴素中含有雍容, 包含的哲理玄奥而深刻。

书中有关于治国的理念, 老子的观点是"治大国若烹小鲜", 然而治理一个国家真的如他所说, 像煮熟一条小鱼那样容易吗? 老子给予了很好的答案, "不尚贤, 使民不争; 不

必备知识

《道德经》

《道德经》论述了修身、治国、用兵、养生之道，被后世称为"万经之王"。据联合国教科文组织统计，《道德经》是除了《圣经》以外被译成外国文字发布量最多的文化名著。

贵难得之货，使民不为盗；不见可欲，使民心不乱。"这就是老子的秘诀——无为而治。老子认为只要统治者不强求一些事情，国家自然会很好，不过人的欲望是无尽的，如果没有法律，我真想象不出会成为什么样子。

在礼崩乐坏的年代，人人都在寻求改革，可是唯独老子提出了"小国寡民"的思想，"小国寡民，使有什伯之器而不用。使民重死而不远徙。虽有舟舆，无所乘之；虽有甲兵，无所陈之。使人复结绳而用之。甘其食，美其服，安其居，乐其俗。邻国相望，鸡犬之声相闻，民至老死，不相往来。"这样的一个情景，当时的百姓都希望如此，毕竟战争带给他们的损失太多了，多得无法承受。

通观老子的哲学，可以看出他对"道"的阐述非常多，"道可道，非常道"。在他看来，"道"是万物的本源，"道生一，一生二，二生三，三生万物"，又有"天下万物生于有，有生于无"的说法，可见"道"和"无"又有莫大的关系。这里的"道"不是指物体的实质，却是第一性的，可见在老子口中的"道"是客观唯心主义。然而"道"是一种处于混沌状态的原始物质，"其中有香""其中有物""其中有精""其中有信"。那么老子的"道"就是唯心之中又有物质性，本身就是一个二元体，也不乏自相矛盾。

老子的思想被后人继承下来，发展成了道学、道家，老子也成为道家的创始人。

老子的思想也在漫长岁月里流传到了欧洲，著名的哲学家黑格尔对其高度评价，认为老子才是东方古代世界的精神代表。《庄子》一书中也提到孔子对老子的评价，说孔子对他的弟子说道："吾乃今于是乎见龙。龙，合而成体，散而成章，乘乎云气而养乎阴阳。予口张而不能。予又何规老聃哉？"意思是说：我直到如今才在老聃那见到了真正的龙。龙，合在一起便成为一个整体，分散开来又成为华美的文采，乘驾云气而养息与阴阳之间，我张大着嘴巴久久不能合拢，又哪能对老聃做出劝诫呢？

超然物外的庄子

　　庄子名周，字子休（约前369—前286年），战国时期宋国人，他是继老子之后，道家的又一位代表人物。庄子的学说涵盖当时社会生活的方方面面，但根本精神还是归依于老子的哲学，后世将他与老子并称为"老庄"，他们的哲学为"老庄哲学"。在《逍遥游》里，他塑造了一个大鹏的形象，它高飞九万里之上，缥缈在云层中，很是自由，那些尘世的事物在它眼里不过是浮尘一粒。庄子还提到了不食人间烟火的神人，说道："藐姑射之山，有神人居焉。肌肤若冰雪，绰约若处子。不食五谷，吸风饮露；乘云气，御飞龙，而游乎四海之外；其神凝，使物不疵疠而年谷熟。"这是庄子对神人的构想，与自然融为一体，同样也是他的向往。庄子就是这样一个人，他不为外物所累。

四处游学的孔子

孔子名丘，字仲尼（前551—前479年），春秋末期鲁国人，我国伟大的思想家、教育家。

孔子早年丧父，家境贫寒，年轻时还做过仓库管理员和牧牛羊的小官，虽然如此，他却没有放弃学习，十五岁就"至于学"，三十岁以后开始收徒讲学，这也打破了"学在官府"的传统，进一步促进学术的下移。

　　孔子办理的学府没有固定的地点，而是带着弟子周游列国，谁来拜他为师，他就将那人收下，用他的话说是"有教无类"。正是因为这样，许多人都慕名前来拜师，向他讨教学术。孔子带着弟子四处游学，不仅开阔眼界，还有个更重要的目标，那就是为自己的理想奔波，游说各个国家的君王。

　　孔子对周礼非常感兴趣，即使知道很多，仍是不懈努力地学习。孔子年轻时，有一次去参加祭祀周公的庙堂，见到每一项礼节、每一件祭祀物品，都会虚心地向人请教。有人见后就

你知道吗？

有教无类

　　"有教无类"的意思是不分贵族与平民，不分国界与华夷，只要有心向学，都可以入学受教。孔子的弟子三千，分别来自鲁、齐、晋、宋、陈、蔡、秦、楚等不同国家，这不仅打破了当时的国界，还打破了当时的夷夏之分。孔子吸收了被中原人视为"蛮夷之邦"的楚国人公孙龙和秦商入学，还欲居"九夷"施教，充分体现了孔子的教育主张。弟子有来自贵族阶层的，如南宫敬叔、司马牛、孟懿子；也有很多来自平民阶层的，如颜回、曾参、闵子骞、仲弓、子路、子张、子夏、公冶长、子贡等。而平民教育更能体现孔子"有教无类"的精神实质。

说道："这就是那个非常懂周礼的人吗？我看他什么也不懂，问这问那的，真是可笑！"

孔子听后说道："不懂就问，这正是礼啊！"那个人听后不说话了。孔子曾说过："知之为知之，不知为不知，是知也。"正是这种谦虚好学的态度，才让孔子学到了更多的知识，他曾向老子等多人求教学识，他说过："三人行，必有我师焉"。他更是为了学习乐理而"三月不知肉味"。可以说，他成为一代圣人与这些优良的品质是分不开的。

孔子认为周礼是正统，可以指导人们的思想，让天下太平，更让人们安居乐业。在面对卿大夫逾越周礼的时候，他大怒道："是可忍孰不可忍"，他将周礼视为人们行为的最高准则，周礼都可以摒弃，还有什么是不能做的呢？

其实，在周室衰微、诸侯壮大的时代，周礼已经名存实亡，连天子都不能震慑群侯，还有什么礼法可言。有了实力，才能讲理，这正是那个时代的真实写照，没有强大的军事实力，其他都是空谈，就连那些霸主们也是在军队实力的基础上才能号令各国诸侯。所以，孔子吃闭门羹也自然不可避免。

齐景公时期，孔子曾游说过他，希望制定繁琐的礼节来约束人们，齐景公开始还想重用孔子，但是却被晏子劝阻下来。从晏子的角度来看，孔子就是礼教的化身，繁琐的周礼已经成为过去，当时已是个求贤若渴、发展国力的时代，用这些繁琐的礼节来约束人们，肯定不会见效，反而会让人生出厌恶之感。齐景公接受了晏子的建议，没有重用孔子，但是对他十分客气，供为上宾。齐国的一个大夫想要杀害孔子，孔子知道后忙找到景公说出此事，景公只是淡淡地说了句"我老了，已经不能再重用你了"。孔子也担心自己被杀害，于是回到了鲁国。

你知道吗？

七岁而为孔子师

《史记》记载，一日孔子乘着一辆马车周游列国来到一个地方，看见有一个孩子用土围成了一座"城"。孔子就问："你看见马车为什么不躲开呀？"那个孩子回答："人们说您孔老先生上晓天文，下知地理，中通人情。可是，今天我见到您觉得并不怎么样。因为从古至今，只听说车子躲避城，哪有城躲避车子的道理呢？"孔子听后愣了一下，问道："你叫什么名字？"孩子答道："我叫项橐。"孔子为了挽回面子，就想出了一连串问题为难项橐，但是都被项橐巧妙地化解了。

孔子觉得这孩子知识渊博，连自己也辩不过他，只得长叹一声，俯下身子对项橐和蔼地说："后生可畏，我当拜你为师。"回头对弟子们讲："三人行，必有我师，要不耻下问。"南宋大儒王应麟编写的《三字经》劝诸后生说："昔仲尼，师项橐。古圣贤，尚勤学"，盖出于此。

孔子更多的时候是在鲁国讲学，弟子最多时达到三千多人，孔子的名声也越来越大。

孔子晚年编著修订《春秋》《易经》等书籍，其思想也多多少少体现在其中。孔子七十三岁时，由于疾病等原因，与世长辞。

孔子一生只说而不写，但是其言行还是被记录下来，被后人编著成《论语》一书，其思想多体现在此书中。孔子主张人们要遵守仁义礼仪，虽然他的这些思想不被君王们所看重，不过对个人成长十分有帮助。儒家学派的思想在后期已经变质，不少人更是打着孔子的名号对他的思想断章取义。孔子的本意并非让人们顽固不化，比如当他的弟子问道："以德报怨，可乎？"而他却简单地答道："以德报怨，何以报德，以直报怨！"他认为不能以德报怨，如果这样，又用什么来报答人家的恩德呢？不过，后世却经常说要以德报怨。

孔子还注重学与思的相互结合，他认为"学而不思则罔，思而不学则殆"，即光是学或者思考都会让人进入误区，一定要两者相结合，才能获得更多的知识，让人更加聪慧。

孔子的这些思想影响了中国世世代代，即使在社会如此发达的今天，这些思想仍有强大的生命力。

必备知识

"亚圣"孟子

　　孟子名轲（前372—前289年），是战国时期著名的思想家、政治家和教育家。在儒学上的地位仅次于孔子，现在都将两人并提，也就是我们说的"孔孟之道"。孟子将孔子"仁"的思想继承下来并加以发展，提出"仁政""民贵君轻"的观点，这让很多诸侯不能接受。在那个时代，孟子却能提出这样的观点，是十分难能可贵的。他早已看出，人民的力量是强大的，对一个国家至关重要。

古代的发明大王——墨子

墨子是墨家学术的创始人，在战火纷飞的春秋战国，墨子为了自己的理想——和平，这一几乎没人愿意干的事情而四处奔波，虽然处处碰壁，但是他依然坚持自己的理想，从未放弃。

在墨子四处奔波宣传自己的和平思想时，楚王找来了公输班，为楚国制造攻城的器械，决定要攻打宋国。墨子听说后便从鲁国动身，来到了楚国，他要为世界的和平作贡献，首先来见公输班。

公输班见到墨子后很客气："先生有什么事吗？居然不远千里来找我。"墨子说："北边有个人欺负我，我希望借助您的力量除掉他。"公输班有些不高兴，心想人家与你结怨，与我有什么关系，便没有回话。墨子见此，又继续说道："我会付钱的，我先给你一点儿定金，事成之后，我再给您一千金作为报酬！"

公输班说："我这个人是有原则的，我崇尚仁义，怎么能随便杀人，你还是回去吧！"墨子一听，随即站起来，拜了两拜，说："我在北方听说您造了云梯，要拿去攻打宋国。可有此事吧，但宋国有什么罪过呢？楚国地大物博，领土广阔，但是百姓却不多，而现在却要杀了宋国的百姓掠夺他们的领土。宋国没有过错，就要攻打它，这哪能说得上是仁义？若是知道这道理却不与君主争论，就是不够忠诚。据理力争却达不到目的，也不能算是坚强吧。你崇尚仁义，不肯帮助我杀死欺负我的人，却甘心为楚国攻打宋国而杀死更多的百姓，这又是什么道理呢？"

公输班觉得很有道理，可是他却没有表态，事情都已经这样了，要想改变也很难。墨子继续说："我想你已经明白了，不过却没有悔改的意思，为什么不停止呢？"公输班有些无奈地说道："可是我已经答应楚王了呀，怎么能再反悔，这不是陷我于不义吗？"墨子说："希望您能把我引荐到楚王那里，我会和楚王说明白的！"其实公输班心里很矛盾，既想用自己做的器械来攻城，又有些被墨子说动，想要阻止这场战争，于是便点头答应下来。

墨子见了楚王，先是说道："现在这里有个人抛弃了自己华丽的车子，居然想去偷邻人的破车子；抛掉自己昂贵的衣服而去偷邻人的粗布衣服；他还抛掉自己的白米肥肉，偷人家的糟糠食物。这是什么样的人呢？"楚王大笑道："我看这人一定得了偷窃病，才会如此！"

墨子见楚王上钩了，便继续说道："楚国的领土有几千里，可是宋国的领土却只有几百里，这就好像华丽的车子和破车子相比；楚国山清水秀，野味众多，而宋国却连野鸡、兔子都没有，这就好像白米肥肉和糟糠相比；楚国有高大的松树、纹路明显细密的梓、黄木、楠、樟这些大树，宋国却没有什么大树，这就好像锦绣衣裳和粗布衣服相比，我认为大王攻打宋国，正和这个害偷窃病的人一样。"

楚王想了想，说道："先生说得确实在理，不过公输班已经造好了云梯，我一定要攻打宋国。"墨子也很自信，随即笑道："即使有公输班做的云梯，大王也未必能攻下宋城。"

楚王不信，忙召见公输班。墨子解下衣服带当作城池，用竹片当器械。公输班设下了许多攻城的方法，但都被墨子一一化解开来。公输班的攻城器械都用尽了，而墨子的守城办法还绰绰有余。

公输班没辙了，但他打肿脸充胖子，说："我知道用来对付你的办法了，可是我不说。"墨子也跟他装高深，呵呵地笑着说："我也知道你要怎么对付我，可是我也不说。"

他们这一说不要紧，倒把楚王弄懵了：这两人是在干什

么，打哑谜吗？于是便问这是怎么回事。还是墨子解开了谜团，说道："公输班的办法，就是要杀死我。杀了我，宋国就守不住了。他可是想错了，我的学生禽滑厘等三百人早已经拿着我的防守器械，在宋国城上等待楚国来进攻了。即使杀了

必备知识

三表法："墨辩"的核心方法

墨家的"墨辩"和印度因明学、古希腊逻辑学，并称为"世界三大逻辑学"。墨子说，如何去论证过去的言论是否正确呢？必须订立言论的准则，就好比没有在陶轮之上放置测量时间的仪器，就不可能弄明白是非利害的区别。所以言论有三条准则：有推断根据，有考察本原，有实践应用。

"有本、有原、有用"，这就是著名的"三表法"。有本者，就是说有历史经验佐证；有原者，就是说有实际的评价佐证；有用者，就是说有实践后的效果佐证。比如墨子说，要证明一个治国策略是否正确，按照"三表法"，首先，要看古代圣王是否有这样的作为；其次，要考察百姓的所见所闻，老百姓对这个政策的看法；最后，还要考察践行这个策略之后是否对国家百姓真的有利。"有本、有原、有用"的"三表法"，是墨子朴素唯物主义的辨证思想，也是中华民族的传统智慧。

我，也不能杀尽保卫宋国的人。"

楚王听后苦笑道："就依先生所言，我放弃攻打宋国。"墨子仅用口舌就保住了宋国，可见他的辩术十分厉害。

墨子从楚国回去，经过宋国，天下大雨，他想到闾门去避雨，但闾门的人却不接纳他。墨子虽然帮宋国解围，但是却没有让人知晓，这就是默默无闻的墨家，真的是很伟大。

墨子著有《墨子》一书，不过现在很多学者都认为《墨子》的成书时期是在战国中期，是记录墨子及其弟子的思想和言行。

墨子的主要思想是"兼爱非攻"。他认为"天下之人皆不相爱，强必执弱，众必劫寡，富必侮贫，贵必敖贱，诈必欺愚。凡天下祸篡怨恨，其所以起者，以不相爱生也，是以仁者非之。"他认为世间的纷争祸乱都是因为人与人之间不相互关爱导致的，所以他又提出"兼相爱，交相利"。不过这种思想太过于理想化，国与国之间的结盟、战争，都是以利益为前提的，他的这种思想，即使是普通百姓都不能完全理解，更何况是整天想着称霸天下的一国之君。

"兼爱"主张天下人互相关爱，不要相互攻击，这就引出了"非攻"，墨家反对发动不义之战，坚决抵制进攻，墨子认为如果发动战争，春天会危害农耕，秋天会废民收获。不过墨子却不反对防御战，墨家的防守也是出了名的，被称为"墨守"，墨子及其弟子还擅长制作守城的器械。

另外墨子还提倡"尚贤""非礼""非乐""节用""节葬"，乍一看与孔子的观点是相互对立的，但实际上却有相似之处。两人的目的都是和平，不过其中的方法却有很多不同，比如孔子认为礼乐能让人安分守己，而墨子认为这样是在奢侈浪费，一定要杜绝。

即使墨子的理想四处碰壁，但是他依然坚持，为了远大的理想而奋斗。

你知道吗？

才华横溢的墨子

因为墨子善守，后来就把牢守、固守称为"墨守"。但这个"守"一般都已不指守城，而多指守旧，成了贬义词。如"墨守成规"，形容顽固地守着老规矩，不肯改变。"成规"就是陈旧、现成的办法、制度。

据史书记载，墨子的研究涵盖了物理学、光学、几何学、哲学等诸多领域。他提出的"力，形之所以奋也。止，以久也"，实际上就是惯性定律，早于牛顿；"倍，为二也""平，同高也""同长，以正相尽也""中，同长也""圆，一中同长也"是几何学的基础，早于欧几里得；"加重于其一旁，必捶。权重相若也相衡，则本短标长。两加焉，重相若，则标必下，标得权也"实际上就是对杠杆定律的解释，早于阿基米德。

以"法"治天下的法家

法家作为春秋战国时期的一个学派,是很受君王们所青睐的,它既不像儒家和墨家那样倡导和平,也不像道家的飘然出世,对于国家短期内发展起到极大的作用。

法家的代表人物有很多,其中商鞅、慎到、申不害和韩非是最有影响力的,商鞅、申不害和慎到分别看重法、术、势,而韩非则将这些巧妙地结合起来,形成了一套完善的法家学说。

商鞅十分重视"法",在他看来,法是至高无上的,即使天子犯法,也要与庶民同罪。太子犯法,他虽然不敢惩治太子,却将太子老师的鼻子割下来,以示惩戒。太子都如此,士兵、百姓又有谁敢犯法。商鞅制定的法令没人敢违背,加上他对犯轻微法律的人也严加惩罚,那真是人见人怕,谁都不敢触犯法律。也正是由于这样,在那个混乱的时代,百姓才不会作乱,士兵作战骁勇。不过商鞅却没有受到百姓的爱戴,究其原因还是他执法太过严格,少了几分仁德。

申不害也是法家的一员,不过从小学习的是黄老之术,也就是道家的学说,后来演变成法学。他十分重视"术",认为"术"是君王的专有物,是控制臣下的手段。他认为君王有了势、定了法，但是其地位还不是很稳固，所以必须有两面之术，不然"势"与"法"就会变得威严而不受用，刻板而不通达。

如果以"术"来连通"势"与"法"，就如虎添翼，无论动静，都会使臣下慑服。他的"术"分两类，一类是控制术，就是讲规定职责，考校监督等事；另一类就是搞阴谋，耍手腕，弄权术。

而慎到则更重"势"，他年轻时也曾学习过黄老之术，后来转向法家，司马迁等人认为慎到属于道家学派，不应该归在法家里，但是他又讲了许多法律权术，可以说他是两者兼而有之。他讲的这个"势"是要君王有绝对的权势，可以保证法令的执行，他的思想中不免存有道家的哲学思想，即"君王应无为而治"。在"势"的基础上，君王要利用权力，让臣子做事，而不必亲力亲为等。

这些人都是法家学说的发展继承人，但是真正集大成于一身的却是韩非，他将上面三人的侧重点里好的方面都放到了一块，提出了自己的新学说。

韩非本是韩国人，他虽然有些口吃，但是思维却相当敏捷。他看到韩国逐渐被秦国吞食，就上书给韩王，希望他能做出改变，将国力提升上去。但是，他的观点却不被韩王采纳。

后来这些书信内容被秦王所看到，秦王倒是很赏识他，说道："我真痛恨没有与他生在同一时期，如果他还活着，我真想见一见啊！"秦国的大臣们听到秦王这么说，就说韩非还活着，并且人还在韩国。这是个好消息，也是个致命的消息。

这韩非到底是个什么样的人物，能写出这么优秀的作品，真想见一见！

秦王听说韩非尚在人世，就威逼韩王将韩非交出来，韩王迫于无奈，只好将韩非送到秦国。秦王看到韩非后，可能因为韩非口吃，并没有像先前那样景仰，不过还是重用了他，对于他说的法令，秦王也积极施行，秦国也有了更上一层楼的势头。

李斯是秦王身边的红人，他与韩非是同学，两人同师承于荀子，他对韩非十分妒忌，怕他取代了自己在秦王心目中的地位，就对秦王说道："韩非是韩国人，未必会对秦国尽心尽力，我们应该趁他还在秦国，将他关押起来，以免对秦国不利！"

秦王对韩非的景仰之情快跑得无影无踪，他想了想，认为李斯说得有道理，就将韩非关押起来，没过多久，韩非就在狱中被李斯送来的毒药给毒杀了。秦王被蒙在鼓里，当他想再次起用他，韩非却已经死了。

历史争鸣

李斯为什么要杀韩非

　　李斯杀韩非的出发点不是妒忌韩非，而是韩非是韩国人。当时秦国正在攻韩，韩非身份太特殊，必然会阻止秦国攻韩，而韩非回国也会帮助自己的国家，像韩非这么厉害的人，不管是让他回去还是不回去，都是一个极大的隐患，韩非是早晚要除掉的。于是，李斯出于种种利益考量，毒杀了韩非。

　　韩非虽死，但是他的思想却被秦王所用。综观他的思想，是融合了儒、道、墨三家的学说，并总结了法家前期的经验，将法、术、势紧密结合起来。

　　他推崇商鞅和申不害，不过却认为他们两人没有将"法"与"术"紧密结合起来，说"申子未尽于术，商君未尽于法"。韩非对两人的"法"与"术"进行了改革。他的"术"，主要在"术以知奸"方面有了发展。他认为，国君对臣下，不能太信任，还要"审合刑名"。在"法"的方面，特别强调了"以刑止刑"的思想。

　　同时，他还认为光有"法"和"术"是不行的，必须有"势"作保证。他赞赏慎到所说的"尧为匹夫不能治三人，而桀为天子能乱天下"，提出了"抱法处势则治，背法去势则乱"。

韩非的思想集中在《韩非子》一书当中，里面记录了很多典故，像"智子疑邻""三人成虎""自相矛盾"等广为人知的典故，在书中，我们可以看到韩非十分善用事例来说理，这往往能起到事半功倍的效果。

你知道吗？

战国时期法家为什么比儒家更受欢迎

在战国时期，法家是最具有现实精神的，他们所提出的方案特别具有针对性，能在短期内达到富国强兵的目的。儒家主张通过道德教化的力量，给人以潜移默化的心理改造，从而使人心地善良，没有做恶事的念头，儒家思想如同文火熬汤，需要长时间才能获得效果。因此，在战国这样的乱世中，儒家思想虽然受到了人们的尊重，但是没有几个诸侯肯拿自己的国家作为儒家思想的试验地；相反，法家思想能使国家迅速强大起来，因此受到各国诸侯的欢迎。

历史脉络图

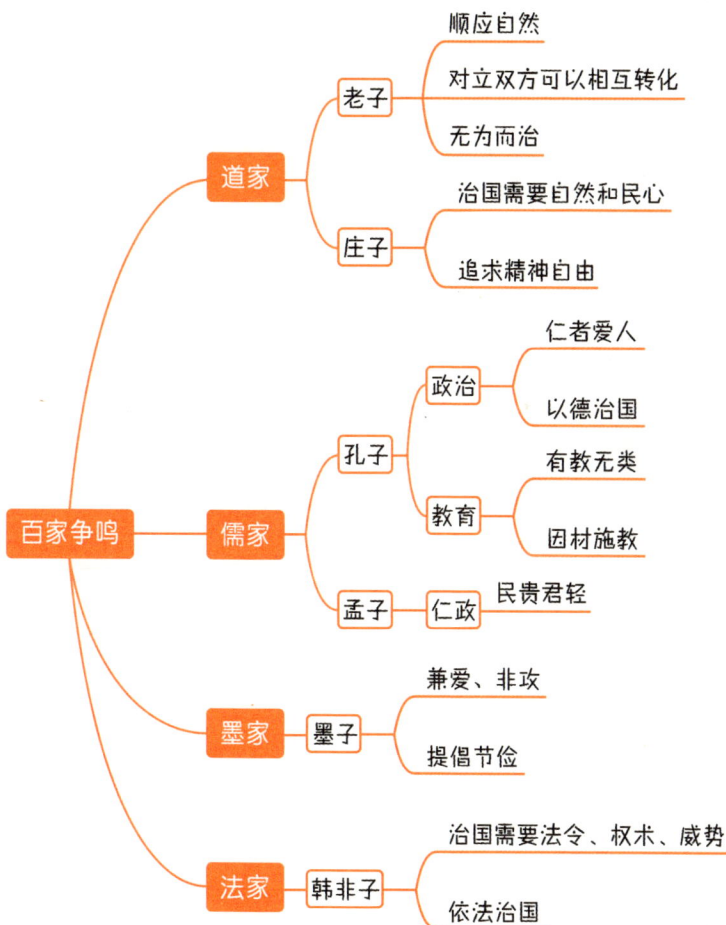

第八章

战国硝烟

三家分晋

　　分封制是西周的重要政治制度，其根基就是血缘关系，周王把自己的子弟封到各地当诸侯，维护周王的统治。晋国这些被西周分封的诸侯，对其子弟进行再分封。起初晋侯分封公室子弟为大夫，并且赐予一定的封地，建立起以血缘关系为纽带的政治体系，这些大夫对拱卫诸侯、维护统治发挥了重要的作用。但是血缘关系随着时间的冲刷、第三方的干涉，必定会变淡，以血缘关系为纽带的体系也会随之崩溃。骊姬之乱就是一个例子。骊姬离间献公和太子的关系，诬陷太子要杀晋献公，从而导致太子自杀。为了保证其子能继承皇位，骊姬还诬陷献公其他两个儿子（重耳、夷吾）也是知情者，迫使他们外逃，放弃诸侯竞争权。之后重耳在秦国的支持下重返晋国，昔日重耳流亡在外时有一批人誓死追随他，重耳不信任其他大夫，所以大肆起用这批异性势力，并且设置出一套全新的政治体系，增设了三军六卿，公卿执掌晋国的军政大事，狐氏、栾氏、范氏、中行氏、智氏、韩氏、赵氏等世族轮流把持，并且经过长期地厮杀、兼并，最终只剩下了赵、魏、韩、范、智、中行氏，也就是晋国六卿。随着政治地位的逐渐稳固，这些异姓势力的崛起削弱了晋国公室的影响力。原本诸侯都是用宗室子弟压制这些势力，但是在重耳之后，晋国就不再立宗室公子为贵族，直接导致异姓公卿专权无人制衡。晋国自毁长城这件事的影响非常大，直接导致公卿专权，公室走向灭亡。

晋国在很早时大权就落到了士大夫手里，尤其以赵盾为代表，后来这些氏族暗中扩大自己的封地，几个氏族间也明争暗斗，在这种情况下，晋国被瓜分是必然的结果。

智伯瑶是晋国的一个大夫，而智氏也是晋国最有实力的氏族，他想侵占赵、魏、韩三家的土地，便想出了一个计策，让三家各拿出一百里土地和一万户人家交给公家，也就是上交晋国国君。智伯瑶这招以公谋私真是巧妙，如果这三家答应下来，他就可以得到这些土地和人口；若是不答应，他则可以动用国家的力量将其消灭。三家大夫都知道他居心不良，但是又迫于他的威严，难以拒绝。

韩康子很惧怕智伯瑶，首先将一百里土地和一万户人家交给了智伯瑶，而魏桓子看韩康子已经妥协，也将土地和人口交了出来。唯独赵襄子不肯向智伯瑶妥协，他坚决不交土地，并派人对智伯瑶说："土地是祖宗留下来的，我不能随便送人！"

智伯瑶一看只有赵家这样，也无所顾忌了，便假借晋公的旨意，联合韩、魏两家攻打赵家，并对他们说："我们一起去攻打赵家，等胜利后，我们就瓜分赵家的土地。"这两家一想，如果不去就可能惹祸上身，还是去吧。这样三家的军队就一起去攻打赵家，这让赵襄子大吃一惊，本来以为只是智氏一家，没想到三家一起来了。

三家兵马浩浩荡荡地向赵家杀来。赵襄子见敌方人多势众、兵马强壮，硬拼肯定是拼不过了，便退守晋阳。晋阳这座城经过赵家祖辈的苦心经营，城墙坚固，并且还储备了很多粮食。赵襄子看到这些，脸上逐渐出现了笑容。但是当他看到武器的时候，便又发起愁来，这座城已经有很多年没参与战争了，武器早已生锈，并且也不够用。这时他看见许多柱子都是青铜铸成的，便将这些柱子拿来做武器。这城若保不住，人也要死了，还留下这些装饰品有什么用。

　　三家兵马追到晋阳，将晋阳围得水泄不通。由于晋阳的地理位置优越，加上士兵和百姓全力奋战，也坚持了三个月。智伯瑶一看这样下去不是办法，便灵机一动，看着晋阳城边的晋水暗笑：如果能用水来淹城那就很简单了。

　　于是，智伯瑶便对韩康子和魏桓子说："我想在晋阳城旁挖条渠道，用水来淹了晋阳，这样不费吹灰之力就能灭掉赵家，你们看怎么样？"韩、魏两家一听，十分赞同，于是三家的士兵便开始连夜挖掘渠道，将水引到晋阳城边。在天下大雨的时候，晋水就有一部分流入晋阳城内，许多房屋都被水冲塌了，赵襄子知道事情已经十分危急，如果再不想出对策，整个晋阳就要被水冲垮。

　　这时大臣张孟说道："我看韩、魏两家与智氏不和，不如让我去同他们两家说说，让他们与咱们站在同一战线，击退智氏。"赵襄子一想也只有这样了，成不成功总要一试的，便在夜里命人放下绳索，放张孟出城。

　　张孟下了城墙，换上智家士兵的衣服，去见韩、魏两家，说道："以智伯瑶的为人，即使打下了赵家，也不会将土地分给两位，只会增强智氏的势力。如果赵家被灭了，两位离灭亡也就不远了。所以我劝二位还是好好想想，希望能与我们合作，打败智氏。"他的这一番话很有说服力。韩、魏两家听了认为十分有道理，灭了赵家后，智氏就会壮大，那时的自己就是今日的赵家。但是他们又惧怕智氏，总归是没有多少胜算的，所以一直没敢表态。张孟也认为自己失败了，悻悻地回到晋阳城。

到了第二天，智伯瑶邀请韩、魏二人来到大坝上，观看水势，洋洋得意地说道："水真是凶猛的野兽，它甚至能让一个国家灭亡，现在水对我来说可是很强的帮手啊！"韩康子与魏桓子心中都不免一动，原来韩家的都城与魏家的都城旁边都有一条河，如果智伯瑶如法炮制攻打自己，那不就离灭亡不远了吗？

于是两人暗下决心，要联合赵家攻打智氏，他们派人悄悄联系赵氏，然后在一天夜里将大坝挖开，凶猛的洪水直接冲到智家的帐篷里，许多士兵都被冲走，而赵、魏、韩三家的士兵趁机杀了进去，智家的很多士兵还在沉睡中就被杀死。

智伯瑶一看，明白过来了，原来韩、魏两家出卖了自己，十分恼怒。不过此时不是意气用事的时候，他眼见大势已去，忙准备逃跑，还想去秦国借兵，意图东山再起，可是赵襄子早已派人在河边等候，一见到智伯瑶就将他抓住，赵襄子不紧不慢地赶到，直接公布了他的罪状，并当场杀死。

智伯瑶死后，智氏已经没有实力再战，赵、魏、韩三家趁机瓜分了智氏的土地，这是三家分晋的开始，也是很重要的一步，因为智氏的土地在晋国占了大部分，可以说，这样的分法就是在瓜分晋国。

此时晋幽公刚即位，三家趁热打铁，将晋国的领土也瓜分了。这样晋国就名存实亡，想当年晋国可以说是叱咤风云，两次称霸中原，并始终以大国自居，百战不殆，最后却落得如此下场，真是可悲可叹啊。

三家虽然瓜分了晋国，但是在名义上还是卿大夫，并非诸侯，于是三家就派人去周王室请求被封为诸侯，这时的周天子已经毫无实权，这样做只是走一个形式，让三家变得名正言顺。周烈王一见三家来人，便做个顺水人情，封三家为诸侯。从此韩、赵、魏便正式成为诸侯国，晋国的名号也就消失了，不过在后来，很多时候都称韩、赵、魏为三晋之国，可见这个"晋"字还是有一定影响力的。这三国日后发展得也不错，特别是魏国，曾一度成为中原的强国，而赵国也后来居上，成为东方六国之首。

战国七雄

晋国和齐国本就是强国，春秋时期齐国和晋国首先称霸，并号令各国诸侯，实力之强大，不禁令人感叹。在接下来的发展当中，晋国和齐国依然十分强大，毕竟有个好底子，加上其中不乏出现有作为的君王，图谋发展壮大，延续了先王们的威风。但是，由于晋国内部制度的原因，晋国国君被架空，权力落在六卿贵族的手中。

而齐国也遭受了同样的命运，大权旁落在田氏的手中，最终这两个国家都不免江山易主。不过晋国却分成了三个国家，在三家分晋后，赵、魏、韩被封为诸侯，正式建立了国家。齐国却完全被田氏夺取，偌大的齐国没有被分裂，这也保留了它今后成为强国的基础。

关于战国七雄的说法，和战国中后期的形势有莫大的关联，当时的宋国、中山国以及曾强盛一时的越国，都在战国前期出现过，它们也一度影响了当时形势的走向，却没有在纷争的时代存活到最后，没有经历整个战国时期。还有就是这些国家相对来说较小，不能被称为"雄"。

其实，秦国在整个春秋时期都没有什么大作为，在晋文公死后，秦国与晋国发生斗争，不过双方互有胜负，秦国也没有讨到好处，后来秦国干脆把统治核心迁到西面的犬戎部落，这样做唯一的好处就是让秦国建立一个稳定的后方，不与中原国家论得失。

战国初期，秦国被魏国打得焦头烂额，如果魏国能够一鼓作气将秦国消灭，那么秦国很可能会在战国七雄当中除名。不过历史没有"如果"，已经发生的事情就是事实，不容人们质疑。关于秦国的崛起，商鞅无疑是第一功臣，他的变法令秦国脱胎换骨，很快就强盛起来，将函谷关作为瞭望台，密切监视着中原各国的一举一动。

楚国在春秋时期一直都和晋国交战，楚国北上的主要障碍就是晋国，只要把晋国打败，就可以进驻中原，可是晋国这样的强国怎能轻易就被打败。双方打得难解难分，谁都没捞到什么好处，顶多就是得到更多小国的依附。

楚国地大物博，但是很多地方都不能利用，人口也不是很多。在冷兵器时代，人口是综合国力的一个重要体现，是非常受重视的。加上楚国地处偏远，中原各国都将其当作蛮夷之邦，这无疑让楚国在其他诸侯的眼里大打折扣。不过楚国还是凭借着自身的努力，跻身诸侯之列，虽自己称王，但与其他诸侯没有什么本质的区别。

你知道吗？

田氏代齐与三家分晋有何联系

"田氏代齐"指战国初年齐国田氏取代姜姓成为齐侯的事件。公元前386年，周安王正式册命田和为齐侯。公元前379年齐康公死，姜姓绝祀，姜姓齐国完全为田氏齐国取代。

"三家分晋"指春秋末年，晋国被韩、赵、魏三家瓜分的事件。三家联合灭掉了同为晋国四卿的智氏。公元前403年，周威烈王封三家为侯国。《资治通鉴》记载："周威烈王二十三年，初命晋大夫魏斯、赵籍、韩虔为诸侯"。史学界以此作为东周时期春秋与战国的分界点。

经过春秋时期长期的争霸战争，许多小的诸侯国被大国吞并了。有的国家内部发生了变革，大权渐渐落在几个士大夫手里。这些士大夫原来也是奴隶主贵族，后来他们采用了封建的剥削方式，转变为地主阶级。有的为了扩大自己的势力，还用减轻赋税的办法来笼络人心，这样，他们的势力就越来越大。三家分晋和田氏代齐，其共性就是原诸侯国中的士大夫实力壮大后取代"国主"。晋国一分为三，建立了赵国、魏国、韩国，是臣子取代国君。田氏代齐也是臣子代替国君。可以说，齐、晋两国发生的都是叛逆之举，然而此时的天下已然是私利为上，礼制德行不再具有约束力，也难怪孔子发出"礼崩乐坏"的感慨。

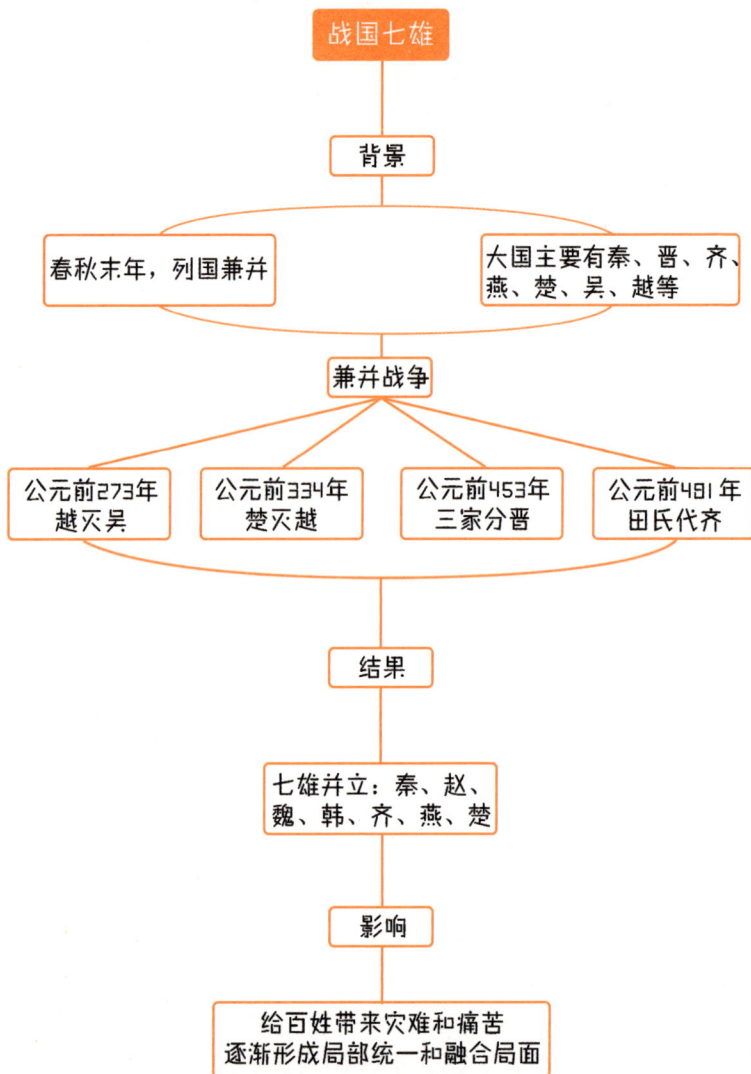

历史脉络图

战国七雄

背景

春秋末年，列国兼并

大国主要有秦、晋、齐、燕、楚、吴、越等

兼并战争

公元前273年
越灭吴

公元前334年
楚灭越

公元前453年
三家分晋

公元前481年
田氏代齐

结果

七雄并立：秦、赵、魏、韩、齐、燕、楚

影响

给百姓带来灾难和痛苦
逐渐形成局部统一和融合局面

第 九 章

乱世中的士人

战国四公子

◎ 孟尝君：狡兔三窟

孟尝君是齐国的宗室大臣，以广招宾客，门客三千而闻名。

有一个叫冯谖的人，家境十分贫困，他听说孟尝君为人豪爽，对门客毫不吝啬，便来投奔孟尝君。孟尝君得知后向身边的人打听这个人，身边的人说他没有过人的品质，也没有特殊的才能，而孟尝君听后却不以为然，他坚持让冯谖来当自己的门客。手下的人都认为孟尝君是出于同情才收留冯谖的，所以在冯谖来后，那些人都只用粗茶淡饭来招待他。

几天后，冯谖弹铗唱道："长剑归来兮，食无鱼！"手下人就告诉孟尝君，孟尝君听后就知道他是嫌生活水平不够高，便说："既然这样，那就用中客的标准来招待他。"孟尝君招待门客有三种标准，上等吃肉，中等吃鱼，下等吃菜。

冯谖吃上了鱼，照理该高兴才是，可是没过几天，他又弹剑唱歌："长剑归来兮，出无车！"孟尝君听说后，又满足了他，用上等食客的标准来招待他。可过了几天，冯谖依旧唱：

"长剑归来兮，不能养家！"身边的人听后，就认为这个人太过贪婪，就将这件事告知孟尝君。

孟尝君知道后，亲自找到冯谖，问道："你有亲人吗？"冯谖说道："我有一个年迈的母亲。"孟尝君听后，就派人去安顿了他的母亲，从此以后，冯谖再也没有唱歌。

孟尝君的门客不少，他也渐渐忘记了冯谖这个人。他的封地是在薛地，到了收税的季节，就想派个懂财务的人去收税，冯谖主动请求前去。孟尝君就答应下来。冯谖临走前问孟尝君："我需要买些什么回来吗？"孟尝君并不在意地随口说道："你自己决定吧！"

冯谖做事非常果断，他到了薛地，让当地官员把欠债的百姓都叫来，然后对大家说道："我是奉孟尝君的旨意前来，这些是大家的借条, 孟尝君让我烧了! "说完就一把火把借条烧了个干净, 百姓因此对孟尝君感恩戴德。

冯谖回到临淄去见孟尝君。孟尝君看他这么快就回来了, 疑惑地问道: "你怎么这么快就回来了, 税都收完了吗? "冯谖点头称是。孟尝君问他买了什么回来, 冯谖神秘地一笑, 对孟尝君说道: "我看你什么也不缺, 就缺少一个'义'字, 所以我就为你买了'义'。"

孟尝君不解, 冯谖继续说道: "现在您有薛地, 可是却不关爱百姓, 索取利益, 我假托您的名义将借条都烧了, 百姓很是高兴。"这么多钱就因他一句话全没了, 孟尝君当然不高兴了, 可是事已至此, 他也不能再说什么, 便打发了冯谖。

一年以后, 齐湣王当政, 他不想让权高势大的孟尝君继续为相, 便委婉地对孟尝君说了此事, 孟尝君也是个明白人, 便回到薛地。薛地的百姓看到他回来, 纷纷出门夹道欢迎。孟尝君这时才知道冯谖的良苦用心, 对他说道: "先生为我买的'义', 我现在总算是看到了。"

冯谖笑着说道: "狡兔三窟, 才能免于一死, 现在您只有一窟, 还不能高枕无忧, 我还要再帮您造两窟。"孟尝君对他很信任, 就点头同意了。

冯谖坐车来到梁国, 对梁惠王说道: "现在孟尝君被齐湣王逐回薛地, 哪个诸侯要是能得到他, 一定能让国家富强! "梁惠王也听说孟尝君这个人厉害, 就将宰相封为上将军, 把相位空着以等待孟尝君, 并派使者带着重金三次去请孟尝君。孟尝君听从了冯谖的建议，坚决不去。

　　这样大的事情，齐湣王怎会不知，当他听说后，生怕孟尝君去了梁国，立即派人去请孟尝君，并且带着黄金千斤和齐湣王的一封请罪信。孟尝君再次听从冯谖的劝告，请来了先王的祭器，在薛地立起宗庙后才回到临淄为相。这时，三窟才算挖成，孟尝君已无后顾之忧。

必备知识

鸡鸣狗盗

　　秦昭王听说孟尝君贤能，便把他请到秦国为相。但后来秦昭王改变主意要杀害他。幸亏得到懂得扮狗爬墙的门客的协助，偷了白狐毛裘献给秦昭王的宠妾，这名宠妾向秦昭王求情，孟尝君才被释放。孟尝君离去时，正逢夜半，城门未开。这时，门客中又有人会学鸡啼，引得城内公鸡一起鸣叫了起来，守门的士兵误以为时辰到了便把城门打开，孟尝君顺利离去。孟尝君得以逃离，靠的就是"鸡鸣狗盗"之辈。

◎ 平原君：斩姬留士

赵国的平原君与孟尝君一样，也喜欢养门客。平原君门下有一个门客，走起路来一瘸一拐。平原君的一个姬妾看到了，忍不住大笑起来，让这个门客十分尴尬。

到了第二天，这个门客就找到平原君，说道："我听说平原君爱惜士人，所以才大老远地赶过来，希望您果真如此。我不幸身有疾病，走起路来也不稳当，可是您的姬妾却嘲笑我，这太过分了，我希望您能将她的头砍下来给我！"

平原君也不想就这样得罪一个士人，表面上答应下来，不过等那人走后，他就独自笑起来："因为笑一下就要杀了我的爱妾，这也太过分了！"平原君说得也没错，大丈夫不应该为

世人都说您爱惜人才，即使我身体残疾也一瘸一拐地赶来投入您的门下，如今您的姬妾却嘲笑我，太过分了！

外物所困，身有疾病，这是无可奈何的事情，人家嘲笑也没有什么，重要的是自己要学会坦然面对，即使被伤了自尊，也不能因此就杀了那个人吧。

这在当时也挺正常的，那个时期的士都十分高傲，各国都想留住这些有才能的人，发展国力，可是有很多人就趁机浑水摸鱼，并没有多大的才能，却让这些有权势的人把自己供养起来。这个时候的士都是"合则留，不合则去"，所以来滥竽充数的门客很多，当然有才能的人也很多。

时间过得很快，转眼就到了年底，平原君的门客居然只剩下了一半，这让他感到十分奇怪，他平常大鱼大肉的给这些人吃，可怎么还是留不下他们？他不解地问留下来的门客："我如此礼遇他们，他们为何还要走呢？"

这时有一个门客就说："您记得有一个脚有残疾的人吗？因为您不愿杀死嘲笑他的姬妾，大家都以为您重色轻士，所以很多人都走了。"平原君很无奈，于是他将爱妾杀死，并亲自找到那个门客赔罪。那些离去的人听说后，便又悄悄地回来了。外面的人听说平原君杀姬留士，也都纷纷而来，门客最多的时候竟超过了一千人。

◎ 信陵君：窃符救赵

信陵君是魏王的弟弟，真名叫魏无忌。他虽贵为魏国的公子，但从不摆贵族架子，平易近人的他让更多的士人争相投奔。

信陵君听说魏国都城有个看门的老头叫侯嬴，这个人家境贫寒，不过却很有能力，便想归为自己的门下。于是信陵君亲自带着礼物去找侯嬴，说道："先生能不能和我共事？"侯嬴一看信陵君身穿罗缎，却没有丝毫气势凌人的样子，便诚恳地说道："我可以为您效犬马之劳，不过这礼物我就不要了，正所谓无功不受禄。"

侯嬴答应得很爽快，信陵君让他与自己一同回宫，并且亲自驾车，让侯嬴坐在后面，而侯嬴也不客气，穿得破破烂烂就坐在后面。

半路上，侯嬴突然对信陵君说道："我有一个朋友在市场上卖肉，我想同他告别，咱们去一下集市吧。"信陵君二话不说，就把车驾到集市上，侯嬴下车与他的朋友朱亥见面后，两人交谈甚欢，完全忘记了信陵君的存在，而信陵君却耐心地等待，脸上没有丝毫焦急之色。其实，侯嬴是故意这样做，以此来看信陵君的反应。

等到中午吃饭的时候，侯嬴大摇大摆地直接坐到上席，很多人看后都十分厌恶此人，但碍于信陵君的面子，隐忍不言。信陵君依然不责怪他，侯嬴这么做，与冯谖十分相似，都是想看自己要效劳的主子到底是不是真的贤德。

后来他才坦诚地对信陵君说道："我之所以这么做，就是想成就公子的贤名。我本是一个看门人，身份卑微，却被您看重，以上宾相待，我非常惭愧。其实，那个卖肉的朱亥也是一个少有的人才。"信陵君听后便将朱亥也请到宫中。

在秦国攻打邯郸的时候，平原君不断向信陵君求救，平原君的夫人是信陵君的姐姐，两人的关系不一般，所以信陵君极力敦促魏王出兵救援。魏王本打算让晋鄙率军十万去营救，可是秦国却对魏王威逼利诱，魏王经不起这番折腾，最终放弃出兵，无论信陵君怎样劝说，都徒劳无功。

信陵君是个重信义的人，他见魏王不肯派兵，就决定率领自己的门客一起去赵国，与赵国共存亡。侯嬴听说后，却冷淡地对他说道："那就请公子保重吧，我就不跟您去了！"信陵君没有理他，率人赶往赵国，但是走了一会儿，他越想越觉得有些不对头，想想自己平时对侯嬴也算不错，可是到了危难时期，却不跟自己一起涉险。想到这，他便返回去见侯嬴，想问个究竟。

侯嬴见他又折回，笑着说道："我就知道公子一定会回来找我，现在赵国遇难，魏国不派兵，您就带着门客去赴难，这不会有丝毫效果，这些人被送到战场上，无异于羊入虎口。"信陵君也知道自己太过意气用事，便向侯嬴讨教策略，侯嬴对他说道："魏国的兵符在大王的卧室里，而大王很宠爱如姬，如姬一定能偷偷地拿出来，我听说如姬的父亲曾被人杀害，三年都没有抓到凶手，如姬非常想报仇却不能。后来您帮她报了仇，如姬一直都想报答您，如果这一次公子开口相求，她一定会答应。只要您拿到兵符，就可以调动十万军队去营救赵国。"

信陵君按他所说的找到如姬，如姬果然将兵符盗了出来。他带着兵符赶往军中，临行前，侯嬴又对他说道："将在外，君命有所不受，晋鄙未必能让你指挥军队，如果这样，就十分不好办了。所以你应该带上朱亥，他力大无穷，如果晋鄙不听你的，就可以当场让朱亥杀了他！"

信陵君听了这话，不禁哭了起来，侯嬴不明所以，只听信陵君说道："晋鄙为魏国立下过汗马功劳，他肯定不会轻信我的话，到那时就不得不杀他，这可真是令人伤心啊！"这也是没有办法的事情，想要有所得就要有所失，于是信陵君带着朱亥一同前去。

信陵君到了军中，将虎符拿出来，要调动十万军队，晋鄙果然不想照办，他怀疑道："我率军十万驻守边关，可是如今您只带了几个随从就要接管我的军队，这让我如何信服，若是大王怪罪下来，我可担当不起，公子还是请回吧！"

信陵君无奈地叹了口气，给朱亥一个眼色，朱亥早在袖中藏了四十斤重的铁锤，见信陵君示意，便突然出手偷袭，晋鄙立即死去。

信陵君十分伤感，他是一个爱才之人，骨子里也十分善良，他到军中传令："父子都在军中的，父亲可以回家；兄弟都在军中的，兄长可以回家；在家中是独生子的，也可以回去。"就这样，两万余人离开军中，信陵君率领八万精兵赶往赵国。

秦军与赵军对峙已久，双方都十分疲惫，这时忽见魏军加入战斗，不免吸了一口凉气。魏军与秦军交战，赵军一看是己方援军，士气大振。秦军不敌，大败而去。这场战役结束，赵王和平原君都出来相迎，夸赞信陵君是个仁义的君子。

◎ 春申君：营救楚国

春申君本名黄歇，以能言善辩著称。秦国大将白起三次攻打楚国，都大败楚军，楚国被迫将都城迁往陈城，白起打算一口吞掉楚国。春申君感到国家很危险，便主动出使秦国。

他来到秦国，对秦昭王说道："秦国和楚国是两个大国，秦国和楚国相斗，两虎相争只会让别人从中得利，所以我认为这两个国家应该结盟。并且秦国现在已经占领天下一半的领土，这样的国家，自古以来都没有过。只要秦国打到哪里，哪里就会投降，各国诸侯更是对秦国闻风丧胆。我想大王如果能停止攻伐、施行仁义的话，天下之人都会对您感恩戴德，即使是齐桓公等人也比不上您。"

秦昭王是个有为的君王，当然也非常有野心，哪里能够听这些话。春申君也知道这些不足以让秦王撤兵，又继续说道："如果大王您真的要以武力解决的话，恐怕会有后患，什么事情都有个开始，但是很少会有圆满的结局。当初智伯攻打赵国，但是却没有看到隐患，才会被韩、魏、赵三家联手灭掉。而吴王夫差就因为相信越国，才会出兵攻打齐国和晋国，最后导致被越国灭掉。现在大王您要攻打楚国，假如灭掉了楚国，必定会使韩国和魏国强大起来。现在韩、魏虽然亲近秦国，但实际上他们也像越国对吴国一样,对秦国表面上十分恭敬,但背地里总想要反击秦国。想想秦国与这两个国家打了上百年,结下的冤仇也很深了,他们一定忘不了这样的仇恨,只是现在实力不行,不敢与大王反目。所以我认为秦国不应该派出庞大的军队去攻打楚国。"

这一番话算是说到点子上了,秦昭王哪里会不知道,暗想:与韩、魏的仇恨不是一天两天了,要真是攻打楚国,这两个国家没准真的会趁机攻打过来,那可如何是好?不过秦王也并不是太在意,有这样消灭楚国的机会他怎么会轻易放过。至于韩、魏两国,只要自己多加防范,料他们也闹不出什么惊天的大事来。

春申君将重点放到了韩、魏身上,秦王的注意力也跟着转移,打铁要趁热,于是他继续说道:"如果大王想要攻打楚国,要从哪里攻起呢?难道向韩、魏借道吗?如果这样,恐怕大王的军队就再也回不来了。如果大王您不从韩、魏借路,就要从楚国西部的高山开始打,那里很多地方都是高山险谷,从不生长谷物,况且易守难攻,就算攻下来,也没有利用价值。在那里,秦、楚必定会有一场恶战,赵、魏、韩、齐四国可都跟秦国有仇啊,能浪费掉这样一个机会吗?如果他们联合攻打秦国,那么危急的就不再是楚国而将是秦国了。"

秦昭王听了这番话,果真决定放弃攻打楚国,忙下令让白起撤兵,与楚国结盟。多亏了春申君,才让楚国免遭一难。

春申君成功说服了秦王,秦楚结为盟友,他和楚太子一同去秦国做人质。楚王病危时，秦国本应放走太子，不过秦昭王却不打算这样做，想让楚国内部混乱从中获得好处。楚太子与秦国相国范雎的私人关系很好，春申君找到范雎，对范雎说道："太子与相国的交情是真是假？"范雎说道："当然是真的了！"春申君又继续说道："现在楚王病危，秦国应该放太子回国，如果太子能够继承君位，他肯定会感激您和秦国，必定会更好地侍奉秦国。假若秦国不放太子回国，在秦国也只是普通百姓，没有丝毫用处。国不可一日无君，等楚王死后，必定会另立新王，那时楚国与秦国就会闹得不可开交。您还是好好考虑一下吧。"

范雎认为他说得十分在理，就去面见秦王，将此事说明。秦王也不是听风就是雨的，没有马上让太子回国，而是先让太子的老师回国打探情况，然后再做决定。春申君对太子说道："秦国想要留住你，就是想要从你这里得到好处，要是大王病逝，你又不在楚国，大臣们肯定会另立他人，到那时不但没有王位，连自保都成问题了。"太子知道他不是危言耸听，恭敬地问道："先生有什么好办法吗？"春申君想了想，然后说道："我们就来个浑水摸鱼，楚国的使者走后，你就跟着混在里面，一起回国，我在这里应付他们。"太子知道没有更好的办法了，便换上楚国使者的衣服，在无人注意的时候，悄悄同使者一起出了城门。

而春申君此时就在太子的卧室外，他对别人说太子有病，不能见客。等过了些时日，春申君算好太子已经回国，便主动找到秦王，说道："太子因为事情紧急，来不及向大王告别就已经离去，我希望大王不要见怪，如果真的怪罪下来，就把我处死吧！"

秦昭王大怒，本想杀了他，但是范雎忙劝道："他是楚国的臣子，为太子尽力，等楚太子即位后，必定会重用他，我们不如放了他，做个顺水人情。"秦昭王一听十分在理，就放了春申君。果然，等楚王死后，太子即位，将春申君封为相国，并赐予"春申君"称号。

纵横外交家

◎ 张仪

当年张仪和苏秦都在鬼谷子的门下当学徒，学习纵横捭阖之术，学成之后周游四方，为本国效力不得，张仪遂离开魏国投奔楚国昭阳。昭阳立下军功得到楚王的赏赐"和氏璧"，后来，昭阳在自己的庆功宴上，竟然把"和氏璧"弄丢了，当时的张仪家境落魄，大家都认为张仪拿走了"和氏璧"。在严刑逼供之下，张仪坚决不承认自己偷拿了"和氏璧"，无奈昭阳也只得放张仪回家。张仪遍体鳞伤地回到家，问妻子："我的舌头应该还在吧？"妻子回答还在，张仪松了一口气："还好舌头还在，只要舌头还在，我就还有机会出人头地。"

后来，张仪来到秦国，以连横之术打动了秦王，被封为大良造，公孙衍被挤了下去。张仪这个人也不是很好相处，无奈之下，公孙衍只好去了魏国。

当时的魏国已经被战争拖得疲惫不堪，而公孙衍却还要攻打赵国，他对齐国的将军田盼说道："我们一起去攻打赵国，只要齐国出兵五万，就可以拿下赵国！"田盼说道："五万士兵在战场上不过区区小数,怎么能打败赵国?"公孙衍笑着说道:"如果我们说出太多的兵,两国国君肯定不会同意,如果我们只说出五万,那么国君必定会允许,只要让士兵进了战场,就是他们想收手也不行,一定会再派援军的!"田盼明白了他的意思,点头称是,于是齐、魏两国出兵伐赵,事实也印证了公孙衍的话,此次战役,赵军大败。

随后公孙衍又联合齐、楚,希望三国联盟来抗击秦军,秦国知道事情不好,忙派张仪去楚国,破坏三国联盟,张仪一出手,果然见效,联盟瓦解。公孙衍不甘心,没有了这两个大国的支持,就开始将目标指向较小的国家,然后举行了一次历史上颇为轰动的"五国相王",这五国分别是魏、韩、赵、燕、中山。

必备知识

张仪折竹

张仪年轻时替人家抄书,遇到好词好句就想摘抄下来,无奈没有纸笔,只好将字词都写到自己的手掌和大腿上,晚上回到家中,就折竹刻写,久而久之,竟然集成了一本册子,后人就多以"折竹"或"张仪折竹"来形容一个人勤奋刻苦学习。

秦国也没有闲着，秦王派张仪去拉拢魏国，说是拉拢，其实就是连打带哄、软硬兼施，而当秦国军队踏上魏国的土地时，齐国并没有兑现当初的诺言派兵救魏。此时，魏国正是魏惠王当政，惠施为相，惠施的策略是联合齐、楚来抗秦，不料秦国来兵时，齐国也只看着不帮忙，魏惠王一怒，将惠施赶到楚国，而启用张仪的计谋，并任用他为相。

◎ 苏秦

苏秦是战国著名的纵横家、外交家和谋略家。苏秦来到了燕国。他将燕国的国情分析了一番，然后建议燕国与赵国结盟。燕王非常看好他，决定重用此人，便说道："如果你能做到你所说的，我和我的百姓将完全听你的安排。"

苏秦心里十分感激燕王，终于有人赏识自己了，这份知遇之恩他没齿难忘啊。不过他不知道的是，也正因为这份恩情让他丢掉了自己的性命。

苏秦在燕国得到了礼遇，非常感谢燕昭王的知遇之恩，希望能帮着燕国做些事情，而这个事情就是要打败齐国！齐国是泱泱大国，要想打败，谈何容易。于是苏秦决定打入齐国内部削弱齐国。

他来到齐国，用三寸不烂之舌取得了齐湣王的信任，齐湣王为人骄傲自大，曾有人说苏秦是燕国来的臣子，不应受到重用，但是齐湣王却不听。

　　苏秦果然不负燕王厚望, 他来齐国没多久, 就让燕国收回了以前被齐国拿过去的十座城池。他是怎么办到的呢? 他对齐王说道: "大王, 我要先祝贺你, 但是同样, 我也为你感到惋惜。"齐王不解, 苏秦就娓娓道来: "我听说人饿急了就会拿乌头充饥, 现在你得到燕国的十城, 就像乌头一样, 秦国与燕国是亲戚, 现在大王得罪了燕国, 秦国一定会兴师动众来攻打贵国, 但是如果将这十城还给燕国, 你会得到这两国的尊敬。"齐王一听, 是这个理儿, 于是把城池还给了燕国。苏秦仅凭口舌就让燕国拿回来十座城池, 不得不让人佩服。

　　孟尝君在齐国做国相, 主张同赵国结盟, 两国的关系也一直不错。苏秦总想挑拨两国的关系, 却翻越不了孟尝君这座大山。他也不敢太明目张胆, 要是被看穿了, 别说挑拨离间了, 就是自己的小命也要搭进去。他在齐国五年, 没有多大成效, 被迫回国。其实齐湣王是很信任他的, 但是孟尝君却坚持与赵国盟好, 任他怎么劝也劝不动。

　　就在他冥思苦想时, 孟尝君去了魏国为相, 这对苏秦来说是一次绝好的机会, 于是他再次去了齐国, 这一次, 他受到了齐湣王的重用。

　　表面上, 他是为齐国打算, 而实际上却是要削弱齐国, 但糊涂的齐湣王却丝毫看不出来。苏秦先是分裂齐、赵的关系, 被赵国的奉阳君看了出来, 将苏秦关在赵国, 让他不能有什么作为, 碍于齐王和燕王的面子, 没有杀他。

　　苏秦写了封信, 让人带给燕王, 燕王得知后, 要求奉阳君把苏秦放出来，奉阳君也不想因为一个人就得罪一个国家。无奈之下，只好将苏秦放了，苏秦却没有回燕国，而是又到了齐国。

苏秦回到齐国，帮着齐湣王出谋划策，认为秦国是一个强国，如果不去攻打，就会对自己不利，现在的强国依然是秦、楚、齐，不过秦与楚交战几次，都打败了楚军，齐国又与三晋之军联合在垂沙大败楚军，所以现在楚国已不像原来那样强大，威胁齐国的只有秦国。

齐湣王听后点点头，他也有意攻打秦国，可是秦国那么远，又十分强大，说去攻打，谈何容易。这时苏秦又说："大王，我可以去说服其他国家一起攻打秦国。"齐湣王一听，这是个好主意，如果能与别的国家一起攻打秦国，那会是多么好的一件事，于是便让苏秦出使别国。

凭着三寸不烂之舌，苏秦联合了楚、赵、魏、韩等国一起去攻打秦国，但是联军各怀鬼胎，谁也不想去触怒秦国，都在等别国先动手。就在此时，苏秦对齐湣王说："现在联军都在等，我们与秦国相去甚远，不如先把与秦国交好的宋国打败。"齐湣王也有此意，他之前就对宋国不满，又由于宋国近几年打了两场胜仗，不把这些大国放在眼里，也正好可以趁着这个机会杀一杀它的锐气。

于是齐湣王下令攻打宋国，宋国在此时已沦落为一个小国，怎能抵挡齐国的猛攻，不到一年的时间就被齐国灭掉。这本是一件好事，可是赵国却不愿意了，因为赵国的军队已经和秦军对峙上了,而齐国却在此时灭掉齐、赵之间的宋国,没有宋国在中间夹着,难保齐国不会进犯,赵国一怒之下就撤兵回国。

燕昭王此时看到齐国已孤立无援,就要对齐国动手,燕王发动其他国家共同伐齐,秦、赵首先表态一定要打,韩、魏一看大势所趋,也不敢忤逆大国的意思,也跟着出兵。在燕国将军乐毅的统率下,五国军队开进齐国,这一战,齐国险些被灭掉。

在燕国还没攻打齐国时,苏秦的身份就被查了出来,被齐湣王处死。一代纵横家就这样死了,未免有些可惜。

中医学的开山祖师扁鹊

扁鹊本来是黄帝身边的一个医师的名字，而在春秋战国时期出了个医学上的名人，叫秦越人，由于他能治百病、医术高明，人们便称他为扁鹊，以至于很多人都忘了他的本名。

扁鹊少年时做过舍长，就是旅店的主人。当时在他的旅舍里有一位长住的旅客叫长桑君，扁鹊与他交好，并且知道他擅长给人看病，便想拜其为师，可是长桑君却不同意。但扁鹊从不放弃，终于在长桑君年老的时候收了扁鹊为徒，他对扁鹊说："我掌握着一些医药秘方，现在我已经老了，想把这些医术及秘方传授于你，但是你一定要保守秘密，不能传出去。"扁鹊当即拜长桑君为师，并继承其医术，在掌握这些良方后，他开始周游各国，为人们治病。

有一次，扁鹊来到虢国，听说太子突然病重死去，他很是不解，就去了宫中，说能给太子治病。虢国国君听说有人能治死去儿子的病，也就不问那么多了，死马当成活马医，把扁鹊请进了宫里。

扁鹊询问太子的死因，身边的人说道："太子先是呼吸不顺畅，气血受阻，最终内脏损坏而亡。"他听后便自信地说道："太子入殓了吗？我能救活他！"这让身边的人都十分怀疑，人死不能复生，即使他医术再高明也对一个死人无可奈何，扁鹊说道："我听你说了这些，就知道太子并没有真的死去，他的下半身肯定还是热的！"

身边的人将此事告知国君，国君带他来到太子的身边，他对着太子左看右看，又出手摸太子的穴位，然后说道："太子并没有真的死去，让我治好他吧！"说完，便拿出银针，扎向太子的身体，过了片刻，太子果真苏醒过来。众人都对扁鹊的医术赞不绝口。太子苏醒后，扁鹊又用汤药治疗，过了十几天，太子的身体完全恢复。

这件事传了出去，天下之人都认为他有起死回生之术，他却淡淡地说道："我怎么能把死人救活，其实太子并没有死，我只不过是令他恢复而已。"

太子的病情用现代的话来说就是"休克"，扁鹊利用针灸使其复原，可见在当时，针灸已经被大夫所使用，中医亦能分辨出休克与死亡之间的差别。

一次，扁鹊来到齐国，见到了蔡桓公，大胆地说道："大王，您现在有病，应该及早治疗。"桓公很生气，说道："我现在身体十分舒服，吃得好睡得香！"等扁鹊走后，桓公还嘲笑地说道："这些医生就是把没病说成有病，以显示他们医术高明，我才不会上当呢！"

过了五天，扁鹊又来见桓公，他这次有些焦急地说道："大王，您的病已经渗入血液中，要是现在不治会有麻烦啊！"桓公的态度依然很强硬："我没有病，不要胡说！"

又过了三天，扁鹊见到桓公，不顾他高傲的态度，立刻说道："大王，现在您的病已经进入肠胃，再不治疗的话，可就相当危险了！"桓公已经听得十分厌烦，这一次连话都不说了，冷冷地哼了一声，扁鹊无奈地摇摇头，转身离去。

当扁鹊第四次去见桓公的时候，看了看桓公，暗自长长地叹口气，一句话也没说，转身就走。这倒让桓公十分不解，他忙派人去追扁鹊，那人问道："先生今日为何一句话不说就走？"扁鹊说："一开始，大王的病在皮肤上，可是过了几天就到了血脉里，接下来进入了内脏，不过这些都可以用针灸、汤药等来治疗，但是现今大王的病已经深入骨髓中，我真是没有办法了，只好离开。"

那人回去将扁鹊的话告诉桓公，桓公以为扁鹊在危言耸听，没有在意，但没过几天就病了，他忙派人去找扁鹊。扁鹊早就离开了。几天后，桓公因无人能治其病而去世。

扁鹊晚年到秦国行医，由于他出色的医术，令秦王身边的医官都十分嫉妒他。这些人怕他治好国君的病，影响自己的声誉和地位，竟找人将他刺杀了，一代千古名医就这样死去了。

伟大的爱国诗人屈原

　　屈原姓屈名平，原是他的字，他出身贵族，从小就受到了良好的教育，口才很好，也擅长作诗，年纪轻轻就当上了楚国的左徒。他经常同楚怀王一起研究国事，拟定法令，接待各国的使臣，很受怀王的信赖。

　　屈原是个有才能的人，他看到其他国家都在变法改革，便也想拟定新的法令，让国家变得富强。不过他的做法却引来旧贵族势力的极度不满，加上他的才华被人嫉妒，这些贵族们总是与他作对。

　　有一次，楚怀王让屈原拟订一份很重要的法令，屈原就在家里起草。一天，上官大夫靳尚来到屈原的家中，看到法令的草稿便想拿过来观看，谁料屈原一把拿过去，冷冷地说道：“这个是法令的草稿，在法令还没有颁布之前，谁也不能看！”

　　靳尚很不高兴，你这什么态度，看看都不行吗？他二话没说就转身离开，回到家中，越想越不是滋味，屈原制定的法令本就十分苛刻，现在态度还这么强硬，真是忍无可忍。于是他就来到楚怀王面前，说道：“大王，你起用屈原修订法令，但是他却骄傲得不可一世。"楚怀王忙问道："他都说什么了？"靳尚看怀王已经相信了自己的话，继续说道："他每当修订完法令，都到处对别人说，大王没有他不行，这事没人能做得了，好像就他有才华似的。"怀王相信了七分，低头不语，靳尚又说道："他还说大王昏庸，臣子们都贪婪自私，愚蠢无能，朝廷要是没有了他，早就完了！"楚怀王是个容易被蛊惑的人，他现在已完全相信，渐渐地疏远屈原。

屈原倒不计较个人得失，他怕怀王重用这些奸佞小人，使楚国衰败，于是一有机会就向怀王进谏。怀王听信靳尚在前，对他说的这些都不相信，时间一长，怀王更加讨厌他，于是就让他担任三闾大夫。这个职位就是管理楚国的贵族，在政事上没有过多的发言权，实际上就是降他的官。

当楚怀王上了张仪的当后，就想起屈原曾说的连齐抗秦的策略，他又觉得十分有道理，重新起用屈原，派他到齐国交涉，希望齐国能不计前嫌，与己结盟。

屈原刚刚离开，秦王就听说怀王要与齐国结盟。秦王又派张仪说服他，怀王将张仪关押起来，却没有经受住靳尚等人的蛊惑，后将张仪放了，等屈原从齐国回来，张仪早已逃之夭夭了。

楚怀王并没有因此而疏远靳尚和郑袖等人，对屈原却是继续疏远。由于张仪的劝说，他对于齐、楚联盟的事也忘到了脑后，反而去巴结秦国。屈原此时苦谏怀王，但是起不到半分效果，反倒是被怀王流放了。

在郁闷不得志的时候，屈原用纸笔抒发自己的不满，他孤愤而作《离骚》。在《离骚》中，他叙述了自己的身份背景，又表示出自己全心全力为国家，却不被重用，反倒是奸佞小人左右政权，他心里极度不满，却也无可奈何。而后他又借助神仙来抒发自己的情感，用神仙对自己的劝说来解答自己心中的疑问，最后他还是选择继续留在楚国。

几年后，怀王又将流放的屈原召回，屈原很是高兴，以为又能为国效力了，不过怀王却依然不肯重用他。秦国怕楚国与齐国结交，向楚国索要人质，楚怀王被逼无奈，只好派自己的儿子去当人质，可是楚太子与秦国大臣有矛盾，竟将秦国大臣杀害后逃了回来。这让秦王不能忍受，于是就兴兵伐楚，连连攻占了十余座城池。

秦昭王找楚怀王会盟和谈，屈原劝谏道："大王不能去，秦人好比虎狼，没有信用可言，只怕这一去会凶多吉少啊！"

虽然楚王不相信屈原，不过屈原这么一说，却让怀王起了疑心，他也不想去犯险，但是他的小儿子子兰却力劝他前去，靳尚也添油加醋，说道："秦王这是好意，现今两国交好，不能辜负了秦王的一片心意啊！"

怀王想来想去，还是去了秦国，不过这一去就再也没回来。屈原感到国家已经没了希望，不过他还是勤勤恳恳地为国效劳。很快，楚顷襄王即位，不过他也不是一个明君，竟然重用弟弟子兰，子兰为人不怎么样，再加上靳尚，两人都不是贤臣，对屈原当然会有看法。

怀王入秦后，秦军又攻破楚十六座城池，顷襄王等人不仅不励精图治，反而整天吃喝玩乐，这让屈原又是焦急又是愤恨。于是他写了好多奏折，都是关于子兰等人的罪状，还有关于治理国家的内容，不过这些奏折都到了子兰的手里，子兰看后十分生气，对屈原痛恨到了极点。

这时他找来靳尚，两人一商量，还是决定赶走屈原比较好，于是靳尚就去顷襄王那里说屈原的坏话："屈原这人太狂妄了，先王在位的时候，他就不将先王放在眼里，而如今他又以老臣自居，竟然敢上书教训您。他背地里说子兰不讨伐秦国，是不忠，而大王不去报先王之仇，就是不孝。大王是个贤君，怎能背上这样的骂名？"

顷襄王听后也相信这是事实，再次将屈原流放。屈原这一次被流放，就再也没回来。

他到了楚国的边疆，看到这里百姓吃不好穿不暖，很是过意不去，同时也更加担忧楚国的前途，他虽然离楚王十分遥远，却时时刻刻都在牵挂着楚王。在这里，他看到百姓虽然流离失所，生活十分不稳定，不过他们却能生活得很开心，能够同甘苦、共患难，对自己也很爱戴，就写出了《九歌》《九章》等诗词作品。

屈原刚流放到边疆不久，就有一位渔翁认出了他，对他说道："您不是三闾大夫吗，怎么会来这里？"屈原重重地叹了口气，说道："天下人都浑浊，只有我一人清澈，众人都醉了，只有我一个人清醒，所以就被流放到这里来了。"渔翁又问道："那您为什么不随波逐流呢？不然也不会到今天这个地步。"屈原无奈地说道："人身上衣服干干净净的，谁愿意弄上一身污泥呢？我情愿跳到这江河里去充当鱼虾的食物，也不愿与那些奸佞小人一同糟蹋楚国！"

不久，屈原听说白起率军攻打楚国，并且抢占了楚国的国都郢城，顷襄王也被迫逃走迁都，屈原知道楚国就快灭亡了，他不愿看到这些百姓被践踏，也不愿看到楚国灭亡的那一天，于是愤恨投江自杀。

江上的渔夫和岸上的百姓听说屈原投江自尽了，都纷纷来到江上，奋力打捞屈原的尸体，并拿来了粽子、鸡蛋投入江中，有郎中还把雄黄酒倒入江中，以便药昏蛟龙水兽，使屈原大夫尸体免遭伤害。

　　从此，每年五月初——屈原投江殉难日，楚国人民都到江上划龙舟、投粽子，以此来纪念伟大的爱国诗人屈原，端午节的风俗就这样流传下来。

历史脉络图

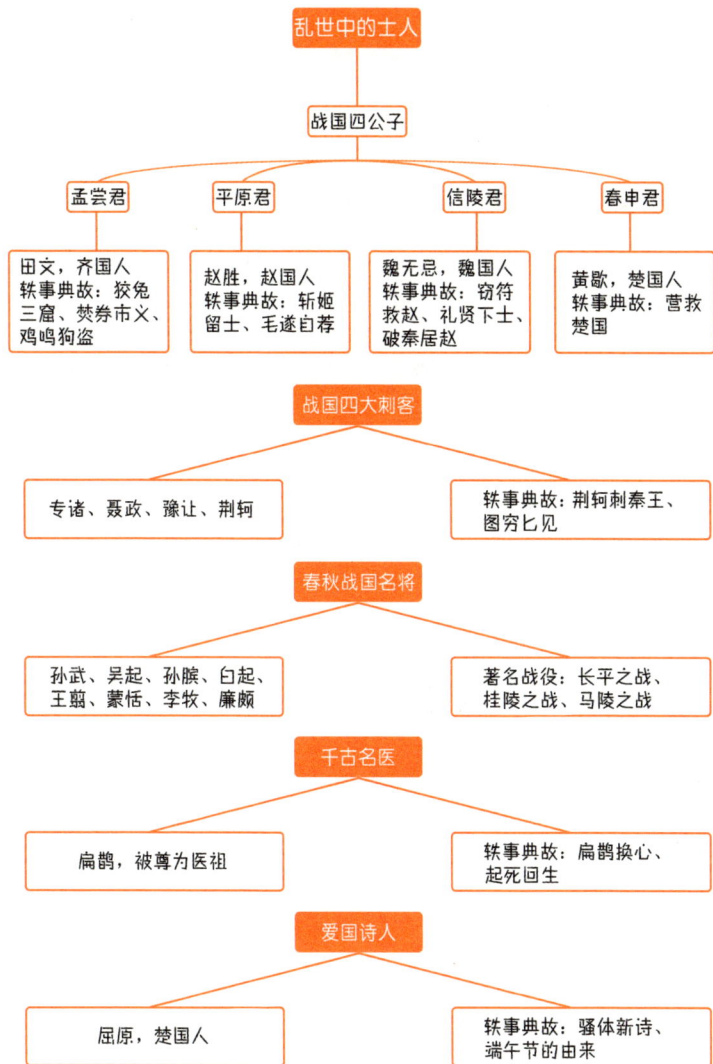

乱世中的士人

战国四公子

孟尝君
田文，齐国人
轶事典故：狡兔
三窟、焚券市义、
鸡鸣狗盗

平原君
赵胜，赵国人
轶事典故：斩姬
留士、毛遂自荐

信陵君
魏无忌，魏国人
轶事典故：窃符
救赵、礼贤下士、
破秦居赵

春申君
黄歇，楚国人
轶事典故：营救
楚国

战国四大刺客
专诸、聂政、豫让、荆轲
轶事典故：荆轲刺秦王、
图穷匕见

春秋战国名将
孙武、吴起、孙膑、白起、
王翦、蒙恬、李牧、廉颇
著名战役：长平之战、
桂陵之战、马陵之战

千古名医
扁鹊，被尊为医祖
轶事典故：扁鹊换心、
起死回生

爱国诗人
屈原，楚国人
轶事典故：骚体新诗、
端午节的由来

参考文献

［1］袁珂. 神话选译百题 [M]. 上海：上海古籍出版社，1980.

［2］郭伯南，刘福元. 新编中国史话 [M]. 上海：上海人民出版社，1984.

［3］毛礼锐，瞿菊农，邵鹤亭. 中国古代教育史 [M]. 北京：人民教育出版社，1979.

［4］司马迁. 史记 [M]. 北京：中华书局，1982.

［5］何晋. 战国策研究 [M]. 北京：北京大学出版社，2001.

［6］李晓笋. 纵横辩术 [M]. 北京：中央编译出版社，2000.

［7］杨纪国. 中国文化简史 [M]. 北京：北京出版社，2004.

［8］左丘明. 国语 [M]. 上海：上海古籍出版社，2015.